DES INTÉRÊTS

EN DROIT ROMAIN ET EN DROIT FRANÇAIS.

THÈSE

POUR LE DOCTORAT

PRÉSENTÉE A LA FACULTÉ DE DROIT DE RENNES,

PAR

Eugène-Auguste PEZERIL,

Ancien Élève de l'École Polytechnique.

LAVAL,

LÉON MOREAU, IMPRIMEUR DE LA PRÉFECTURE, RUE DU LIEUTENANT.

—

1866.

F

IMPRIMERIE DE LÉON MOREAU.

DÉCLARATION DE DÉPOT.

(Exécution de l'art. 14 de la loi du 21 octobre 1814 et de l'art. 6 de la loi du 27 juillet 1849).

N° 399
du Registre.

Je soussigné, Imprimeur à Laval, déclare faire le Dépôt à la Préfecture de la Mayenne de deux Exemplaires d'un ouvrage ayant pour titre :

Des intérêts en droit romain & en droit français — Thèse p.r le Doctorat 1.p.r aug. Sng. Pezeril

imprimé pour le compte de M. Pézeril —

Cet ouvrage que j'ai déclaré être dans l'intention d'imprimer, le 28 7.re —, forme un volume in-8° de 7 feuilles d'impression, et a été tiré au nombre de Cent exemplaires.

A Laval, le 3 avril 1860

J. Moreau

Laval, imp. L. Moreau 1863.

FACULTÉ DE DROIT DE RENNES.

DES INTÉRÊTS.

THÈSE POUR LE DOCTORAT.

L'ACTE PUBLIC SUR LES MATIÈRES CI-APRÈS SERA SOUTENU
LE MARDI 14 AOUT 1866, A DEUX HEURES

PAR

Eugène-Auguste PEZERIL,

Ancien Élève de l'École Polytechnique.

LAVAL,

LÉON MOREAU, IMPRIMEUR DE LA PRÉFECTURE, RUE DU LIEUTENANT.

1866.

DES INTÉRÊTS.

Le mot *intérêt* revient à chaque instant dans nos codes, avec l'une ou l'autre des significations qui suivent :

1° Les art. 114, 420, 1256, etc., du code civil le prennent dans son acception la plus large, qui est aussi celle du langage ordinaire, pour exprimer tout ce qui importe à l'honneur, à l'avantage de quelqu'un, tout ce qui peut améliorer moralement ou matériellement la condition de l'homme ;

2° On appelle *intérêt civil* les indemnités ou réparations que peuvent réclamer ceux qui ont été lésés par un délit ou un crime, C. N. art. 2046 ;

3° L'art. 529 du code civil appelle *intérêt* le droit que l'associé en nom collectif, c'est-à-dire qui peut être poursuivi sur tous ses biens et au-delà de sa mise, a dans les bénéfices de la société ;

4° Enfin, on entend par *intérêt* ce que le créancier de choses fongibles ou considérées comme telles, placé dans certaines conditions, peut exiger du débiteur au-delà de la quantité de ces mêmes choses qui forme l'objet primitif de son obligation. Nous allons essayer d'exposer, tant au point de vue du droit romain, qu'au point de vue du droit français, la théorie des intérêts tels que nous venons de les définir en dernier lieu.

Les législations plus anciennes que celle de Rome, qui sont parvenues jusqu'à nous, contiennent sur cette matière des règles qui, presque toutes, se rapportent au prêt à intérêt. Le seul peuple de l'antiquité qui ait complètement proscrit ce contrat, au moins dans son sein, est le peuple juif; celui-là même dont le nom est aujourd'hui synonyme d'usurier. On lit en effet dans le Pentateuque : *non fenerabis fratri tuo ad usuram pecuniam, nec fruges, nec quamlibet aliam rem; sed alieno. Fratri autem tuo absque usura id quod indiget commodabis.* Deut. *chap. XXIII, vers. 19 et 20.* Cette disposition avait surtout pour but de maintenir parmi les Hébreux l'égalité des fortunes; on comprend d'ailleurs que chez un peuple exclusivement adonné à l'agriculture, sans commerce et sans industrie, la nécessité d'emprunter ne pouvait résulter que des besoins journaliers de la vie ou d'un malheur accidentel dont un concitoyen ne devait pas tirer bénéfice. Mais il en était autrement à l'égard des nations étrangères, ce qui prouve bien qu'en interdisant aux juifs le prêt à intérêt, Moïse n'avait fait qu'établir une loi politique et non une règle absolue de morale.

Un passage de Diodore de Sicile nous apprend que les Egyptiens pratiquaient le prêt à intérêt avec cette restriction que les intérêts ne pouvaient s'élever au-dessus du capital prêté quelle que fût d'ailleurs l'ancienneté de la créance.

Ce contrat était très anciennement connu dans l'Inde ; les lois de Manou le réglementent de la manière la plus minutieuse suivant la qualité du prêteur, la nature des choses prêtées et les garanties offertes par le débiteur.

Chez les Athéniens, commerçants et navigateurs, le prêt à intérêt fut en usage ; Demosthènes et Aristophane en parlent à diverses reprises. Le taux le plus ordinaire était de 12 p. 0/0 par an Cette institution acquit en Grèce une importance assez grande pour attirer l'attention d'Aristote qui répéta, au nom de la justice, ce que Moïse avait dit au nom de la charité. Aristote place le prêt à intérêt au nombre des sources de richesses qu'il appelle artificielles, et, parmi elles, il lui donne le dernier rang : « le signe monétaire, dit-il, a été inventé « pour faciliter les échanges ; l'usure le rend productif « par lui-même et c'est de là qu'elle a tiré son nom ; « (1) car, de même qu'un être engendre son semblable, « de même l'usure est monnaie qui engendre monnaie. « On a eu raison de regarder cette industrie comme « contraire à la nature (2). »

(1) Le mot grec *tokos*, qui signifie en même temps *usure* et *enfantement*, donne lieu à un jeu de mots qui ne peut être traduit.

(2) Aristote. *Polit.* Liv. I, chap. VII, § 3.

Cette opinion d'Aristote n'eût pas grande influence sur ses contemporains; mais le texte que nous venons de rapporter, commenté plus tard par les théologiens et les jurisconsultes, deviendra la règle du moyen âge et même la règle des temps modernes jusqu'à la révolution de 1789.

DROIT ROMAIN.

La langue latine a deux mots pour exprimer l'intérêt : *usura* et *fœnus*.

Le mot *usura* vient de *uti*, se servir ; après avoir simplement signifié l'usage, la jouissance d'une chose, il a été employé pour exprimer le prix de cet usage, de cette jouissance. Il n'a pas, dans la langue latine, la signification étroite et injurieuse qui s'y est attachée depuis qu'il est passé dans la nôtre ; aujourd'hui, il ne réveille plus que l'idée d'un intérêt illégal et exorbitant.

Fœnus dérive de *fœtus*, c'est l'équivalent du mot grec *tokos*. D'après quelques auteurs, il ne s'appliquerait qu'à l'intérêt conventionnel, tandis que le mot *usura* désignerait toute espèce d'intérêts.

Le mot *fœnus* s'entendait aussi, non-seulement de l'intérêt du prêt, mais encore du contrat lui-même, et c'est ainsi que le grammairien Nonius Marcellus a dit : *mutuum a fœnore hoc distat quod mutuum sine usuris, fœnus cum usuris sumitur.* V. 70, p. 731.

Quant au capital lui-même, il était désigné par les expressions *sors* ou *caput*.

Avant d'examiner les diverses circonstances dans lesquelles les intérêts peuvent être dus, il est naturel de rechercher quelles choses peuvent produire des intérêts et en quoi doivent consister les intérêts.

1° Toutes les choses qui peuvent faire l'objet d'un *mutuum* peuvent produire des intérêts. Ce sont donc, non-seulement les choses qui, d'après leur nature, *mensurâ, pondere, numero ne constant*, ou choses naturellement fongibles, mais encore toutes celles que l'intention des parties est de considérer comme telles.

Les intérêts qui, comme nous allons le voir, sont aussi des choses fongibles, peuvent-ils eux-mêmes produire des intérêts ? Non, en droit romain, la production des intérêts par les intérêts (*anatocismus*), était prohibée. L. 26. § 1. D. *De condict. indebiti*. Il n'en fut pas toujours ainsi, car Cicéron, dans une de ses lettres à Atticus, parle de *l'anatocismus anniversarius*, comme d'une chose usuelle ; mais plus tard, et même d'assez bonne heure, *veteribus legibus*, dit Justinien, il fut défendu. Cette défense fût mal observée ; les créanciers trouvèrent des détours pour éluder la loi : ils employaient, par exemple, la novation pour donner aux intérêts échus le caractère d'une dette principale. La constitution de Justinien qui forme la loi 28, C. *de usuris*, a pour but de déjouer cette fraude. La loi 51, § 1, D. *de hereditatis petitione*, fait exception à cette règle ;

2' Les intérêts doivent toujours consister dans une chose de même nature que celle qui fait l'objet de la créance, sinon on tomberait, en ce qui touche les intérêts, dans la catégorie des contrats innomés ; c'est ce qui résulte d'une constitution de l'Empereur Alexandre. L. 14. C., *de usuris*.

Nous allons maintenant voir dans quels cas naît pour le débiteur de choses fongibles l'obligation de payer des intérêts. Sous ce rapport, les intérêts se divisent en intérêts *conventionnels, moratoires et légaux.*

CHAPITRE Ier.
DES INTÉRÊTS CONVENTIONNELS.

SECTION I.
Des conventions en vertu desquelles ils sont dus.

Le contrat ou obligation conventionnelle ne peut, en droit romain, se former que de quatre manières : *re, verbis, litteris, consensu.* La créance d'intérêts ne pouvant se former *re,* ne peut par conséquent se former *litteris.* les intérêts conventionnels ne peuvent donc être dus qu'en vertu d'un contrat formé *verbis* ou *consensu ;* c'est-à-dire en vertu d'une stipulation ou d'un pacte.

§ Ier. — *Des intérêts qui sont dus en vertu d'une stipulation.*

On peut, au moyen de la stipulation, faire courir les intérêts, quelle que soit la nature de la créance principale et à quelque époque que la stipulation intervienne. Si Primus me doit 100 en vertu d'une vente que je lui ai faite, il y a six mois, je puis aujourd'hui, au moyen d'une stipulation, faire produire à cette somme des intérêts à partir de telle époque qu'il nous plaira de fixer.

Peut-on par une seule et même stipulation se rendre créancier du principal et des intérêts, ou faut-il avoir recours à deux stipulations distinctes ? Une seule stipulation suffit : *qui sortem stipulatur*, dit Ulpien, *et usuras quascumque, certum, et incertum stipulatus videtur : et tot stipulationes sunt, quod res sunt*. L. 75, § 9. D. *de verb. oblig.* Nous avons en réalité deux stipulations : celle du capital, d'où résulte la *conditio certi*, et celle des intérêts donnant lieu à la *conditio incerti*.

Il faut mettre sur la même ligne que la stipulation le testament en vertu duquel des intérêts peuvent aussi être dus : *si cui certa quantits legetur, et quoad præstetur in singulos annos certum aliquid, velut usuras jusserit testator præstari : legatum valet* ... L. 3, § 6. D. *de annuis legat.*

Dans toute stipulation relative aux intérêts, le taux doit être expressément fixé : *quod in stipulatione sic adjectum est, et usuras, si quæ competierint, nullius esse momenti, si modus certus non adjiciatur.* L. 31. D. *de usuris.*

§ 2. — *Des intérêts qui sont dus en vertu d'un simple pacte.*

Lorsqu'il s'agit de la stipulation, nous venons de voir que l'origine de la créance principale est chose fort indifférente ; il n'en est pas de même lorsqu'il s'agit d'un simple pacte : il faut alors distinguer suivant que le pacte est adjoint soit à un contrat de bonne foi, soit à une stipulation, soit à un *mutuum*. Parcourons successivement ces trois hypothèses.

1° *Pacte adjoint à un contrat de bonne foi.* — Le pacte ajouté *in continenti* à un contrat de bonne foi fait partie intégrante de ce contrat ; et, s'il est dans l'intérêt du demandeur, l'exécution en est assurée au moyen de l'action résultant du contrat lui-même. L. 7, § 5. D. *de Pactis*. Si, par exemple, le déposant convient avec le dépositaire que, dans telle circonstance, ce dernier lui devra des intérêts, l'exécution de ce pacte sera sanctionnée par l'action *depositi directa*.

Quant au pacte ajouté *ex post facto* à un contrat de bonne foi, s'il ne touche qu'à ce que Papinien appelle les *adminicala*, L. 72, pr. D. *de contrah. empt.*, comme dans le cas où des intérêts seraient promis par un semblable pacte, il ne fait pas partie du contrat, ne produit pas d'action et ne vaut qu'*exceptionis ope*, quand même il serait intervenu *rebus adhuc integris*. Si donc j'ai vendu une maison et si je conviens *ex post facto* que les intérêts me seront dus à partir de telle époque déterminée, je n'aurai pas l'action *venditi* pour réclamer les intérêts. Mais s'ils m'ont été payés, et si l'acheteur veut les répéter, je lui opposerai soit l'exception *pacti conventi*, soit l'exception générale de dol.

2° Pacte adjoint à une stipulation. — Si les intérêts ont été promis par un pacte ajouté *in continenti* à une stipulation, ils pourront être réclamés par la *condictio incerti*, le pacte dont il s'agit ayant la même efficacité que la stipulation à laquelle il est adjoint : *Pacia in continenti facta*, dit Paul, *stipulationi inesse creduntur.* L. 40. D. *de rebus creditis.*

Le pacte rattaché *ex post facto* à une stipulation, ne produira qu'une obligation naturelle et ne sera point sanctionné par l'action du contrat : *Pacta ex intervallo non inerunt, nec valebunt si agat, ne ex pacto actio oriatur.* L. 7. § 5. D. *de Pactis*

3° *Pacte adjoint à un mutuum.* — On ne peut, par un pacte ajouté *in continenti* à un *mutuum*, convenir que des intérêts seront dus ; telle est la règle générale qui se justifie par le texte suivant du jurisconsulte Paul : *si tibi decem dem et paciscar ut vigenti mihi debeantur, non nascitur obligatio ultra decem : re enim non potest obligatio contrahi nisi quatenus datum sit.* L. 17. Pr. D. *de Pactis.* Toutefois, ce pacte engendrera une obligation naturelle et empêchera la répétition des intérêts s'ils avaient été payés. L. 5, § 2, D. *de solut.* La même décision se trouve formulée dans la loi 3, C. *de usuris,* sur laquelle nous aurons occasion de revenir en parlant de l'art. 1906 du Code Napoléon.

La règle qui vient d'être énoncée souffre plusieurs exceptions, et les intérêts seront dus civilement en vertu d'un simple pacte.

a. — S'il s'agit d'un *nauticum fœnus.* Il y a *nauticum fœnus* ou *trajectitia pecunia* lorsqu'on prête une somme qui doit être transportée au-delà des mers ou avec laquelle doivent être achetées des marchandises qui seront elles-mêmes transportées au-delà des mers : c'est ce que notre code de Commerce (art. 311 et suivants) appelle *prêt à la grosse aventure.* Un simple pacte ajouté à un semblable contrat, suffit pour rendre le prêteur créancier des intérêts : *in quibusdam contractibus, etiam usuræ debentur quemadmodum per stipulationem : nam, si dedero decem trajectitia, ut salva nave sortem cum certis*

usuris recipiam, *dicendum est posse me sortem cum usuris
recipere.* L. 7. D. *de nautico fœnore.* Ces mots *in quibus
dam contractibus,* suffisent pour indiquer que notre
exception n'est pas spéciale au *nauticum fœnus,* et doit
s'étendre à tous les cas où le prêteur court la chance de
perdre la totalité de son capital ; cette induction est
d'ailleurs confirmée d'une manière expresse par le jurisconsulte Scœvola. L. 5. Pr. et § 1, D. *de nautico fœnore.*

Quid si la somme prêtée avec convention de profit
maritime, n'est pas ensuite transportée au-delà des
mers ou ne sert pas à acheter des marchandises qui
doivent être soumises aux risques maritimes? Modestin
répond que la somme prêtée *non erit trajectitia* ; d'où il
faut conclure que, dans ce cas, les intérêts ne pourront
être dus qu'en vertu d'une stipulation . L. 1 D. *de naut.
fœn.* Une stipulation serait également nécessaire pour
faire courir les intérêts, soit avant, soit après la période
de la navigation. L. 1. C. *de naut. fœn.*

b. Lorsqu'il s'agit d'argent prêté par une ville, *etiam
ex nudo pacto debentur civitatibus usuræ creditarum ab
eis pecuniarum.* L. 30. D. *de usuris.* Le motif de cette
exception paraît être que la stipulation n'était pas facilement praticable aux cités. En effet, c'était pour le
contrat *verbis,* et à cause de ses formes solennelles,
qu'avait été posée la règle : *alii stipulari nemo potest.*

A la vérité, les cités avaient la ressource de faire stipuler leurs esclaves et d'acquérir par eux l'action résultant
de la stipulation : *Si servus reipublicæ, vel municipii, vel
colóniæ stipuletur : puto stipulationem valere.* L. 3. D.

de stipul. serv. Mais le représentant libre, administrateur de la cité, était dans une position semblable à celle du tuteur pupille *infans*, qui pouvait faire pour ce pupille les actes du droit des gens, mais non ceux qui exigeaient des solennités civiles au nombre desquels il faut placer la stipulation. Nous pensons donc que, du moins, dans la rigueur du droit, les administrateurs de la cité ne pouvaient stipuler pour elle.

c. Quand la chose prêtée n'est pas une somme d'argent, mais une certaine quantité de froment ou d'orge, il résulte d'une constitution de l'Empereur Alexandre que les intérêts peuvent être dus en vertu d'un simple pacte. L. 12. C. *de usuris*, et l'Empereur Philippe a décidé de même pour toute espèce de fruits. L. 23, C. *eod. tit.*

d. Enfin, dans la novelle 136, Ch. 4, Justinien décide que la stipulation n'est pas nécessaire pour faire courir les intérêts au profit des *argentarii* et qu'un écrit suffira pour rendre valable la convention qui aura été faite à cet égard.

Quant au pacte d'intérêt adjoint *ex post facto* à un *mutuum*, il ne produira qu'une obligation naturelle.

La remarque déjà faite au sujet des intérêts promis par une stipulation, s'applique évidemment à ceux dont les parties sont convenues par un simple pacte, dans un cas, comme dans l'autre, le taux des intérêts doit être fixé d'une manière expresse, sinon ils ne pourraient être exigés. Cette règle ne souffre exception qu'à l'égard des banquiers, les intérêts qui leur sont dus, et dont le taux n'a pas été fixé dans la convention, peuvent être exigés par eux sur le pied de 8 p. 0/0, Nov. 136.

Nous venons de voir que les intérêts qui, en général, ne peuvent être dus civilement qu'au moyen d'une stipulation, peuvent, dans certains cas, être dus par suite d'un pacte adjoint. Est-ce-à-dire que la position de créancier sera la même dans les deux cas? non. Si les intérêts sont dus en vertu d'une stipulation distincte, le créancier qui aura déjà agi pour le principal, par une première action, aura encore la *condictio incerti* pour réclamer les intérêts, et il en serait de même dans le cas d'un pacte ajouté *in continenti* à une stipulation ; mais, si les intérêts sont dus en vertu d'un pacte adjoint à un prêt ou à un contrat de bonne foi, on ne pourra demander les intérêts et le principal par deux actions séparées.

Section II.

De la preuve des Intérêts conventionnels.

Les moyens de preuve ordinaire, c'est-à-dire les témoins, les titres, le serment et l'aveu, ne sont pas les seuls auxquels on puisse avoir recours, lorsqu'il s'agit de faire preuve d'une stipulation ou d'un pacte d'intérêts. Cette preuve résulterait encore du paiement des intérêts, continué pendant un certain temps : *cum de in rem verso cum herede patris vel domini ageretur et usurarum quæstio moveretur, imperator Antoninus ideo solvendas usuras judicavit, quod eas ipse dominus vel pater longo tempore præstitisset. L. 6. pr. D., de usuris.*

Toutefois le paiement d'intérêts fait pendant un temps moindre que celui qui est nécessaire pour en faire présumer l'obligation, ne serait pas sans conséquence. Par exemple le promettant qui aurait payé des intérêts, ne fût-ce qu'une fois, ne pourrait plus, au moyen de l'exception *non numeratæ pecuniæ*, repousser l'action *ex stipulatu* dirigée contre lui par le stipulant. L. 4. C. *de non numerata pecunia*. Mais, dans notre hypothèse, le défendeur pourrait-il recourir à l'exception générale de dol? Nous n'avons trouvé aucun texte qui s'y oppose. La même remarque s'applique à l'appel et au bénéfice du sénatus-consulte macédonien. L. 5. C., *de re judicata* et L. 7. § 16 D., *de senatu-consulto macedoniano*.

Si pendant longtemps les intérêts ont été payés à un taux moindre que celui qui avait été convenu, cette circonstance suffit pour permettre au débiteur de repousser par l'exception *pacti conventi* le créancier qui voudrait ensuite se prévaloir de la stipulation ou du pacte primitifs pour réclamer des intérêts plus élevés; c'est ce que décide le jurisconsulte Scœvola. L. 13. D. *de usuris*.

Les conséquences qui pouvaient résulter du paiement des intérêts et du taux auquel ils étaient payés, expliquent l'usage des quittances et contre-quittances, *apocha* et *antapocha*.

Section III.

Depuis quelle époque et jusqu'à quelle époque sont dus les intérêts conventionnels.

Si la convention est pure et simple, les intérêts commencent à courir du jour de la convention; si la convention est conditionnelle ou à terme, ils ne courent que de l'échéance du terme ou de l'événement de la condition. Les parties peuvent d'ailleurs, quelle que soit la modalité de la convention, convenir que les intérêts ne commenceront à courir qu'à dater de telle ou telle époque déterminée, postérieure à la convention elle-même, si elle est pure et simple, ou à l'échéance du terme, si elle est à terme, ou à l'événement de la condition, si elle est conditionnelle.

Les intérêts cessent de courir :

1°. Lorsque le créancier a reçu ce qui lui est dû. La dation en paiement ayant la même puissance extinctive que le paiement, arrêterait aussi le cours des intérêts. Qu'arriverait-il si le créancier était évincé par un tiers de la chose qu'il a consenti à recevoir en paiement ? Dans ce cas, la dation en paiement doit être considérée comme non avenue, L. 46. pr. D. *de solutionibus* ; toutefois, le créancier ne pourrait réclamer les intérêts pour le temps pendant lequel il est resté paisible possesseur de la chose qu'il avait acceptée au lieu et place de celle qui lui était due.

Le créancier gagiste qui aurait vendu le gage pour se payer sur le prix, n'aurait plus droit aux intérêts à dater du jour de la vente : *in eum diem quo creditor pignora distraxit, rectè usuræ fiet reputatio.* L. 40. D. *de usuris.* L'exercice de l'action quasi-servienne aurait le même résultat.

2° A partir de la consignation valablement faite, car elle tient lieu de paiement, *obsignatione totius debitæ*

pecuniæ solemniter facta liberatio contigit. L. 9. C. de solutionibus.

La consignation, pour être valable, doit avoir été précédée d'offres faites au débiteur lui-même en présence de témoins, s'il est présent, et, s'il est absent, au président, L. 6 et 19 C. *de usuris*; être de la totalité de la somme due, à moins que le débiteur ne se soit réservé la faculté de faire des paiements partiels, 4. 41. § 1. D. *de usuris*; avoir été faite dans le lieu destiné à cet usage, c'est-à-dire *apud acta, vel officium vel alio publico loco, quandoque etiam apud virum aliquem bonum, judicis arbitratu, ut plurimum autem apud œdem sacram.* (1)

Si le débiteur retirait les sommes déposées par lui et non acceptées par le créancier, et si, plus tard, il était actionné en paiement par ce même créancier, les intérêts recommenceraient à courir. L. 7. D. *de usuris*.

La loi 11, *de usuris*, au code, indique un cas où il n'est pas nécessaire d'effectuer la consignation et où les offres sont suffisantes : il s'agit dans ce texte d'un créancier antichrésiste qui, après avoir refusé les offres à lui faites, continue à percevoir les fruits de l'immeuble à lui donné en gage. Notre texte décide que, dans cette hypothèse, les intérêts cessent d'être dus, après les offres refusées, quoique la consignation n'en ait pas été faite.

3° Lorsqu'il y a novation; mais il faut, sous ce rapport, distinguer entre la novation volontaire ou conventionnelle et celle qui a lieu par la *litiscontestatio.*

(1) Heineccius. *Ant. Rom.* III. 30. 16.

La première anéantit l'obligation principale avec tous ses accessoires, tels que gage, privilèges et intérêts; mais il en est autrement de la *litiscontestatio* qui laisse courir les intérêts : *Lite contestatâ usuræ currunt*, L. 35. D. *de usuris ;* il ne faut pas qu'un créancier rende sa position pire en exerçant son droit : *nemo enim in persequendo deteriorem causam, sed meliorem facit*. L. 87. D. *de regulis juris.*

Ce que nous venons de dire de la *litiscontestatio* s'appliquerait au cas où une *pœna* aurait été stipulée pour chaque mois de retard dans le paiement du capital; cette *pœna* serait due même pour le temps postérieur à la *litiscontestatio*. L. 90. D. *De Verb. oblig.*

4° Les prescriptions de 30 et 40 ans, qui libèrent de la dette du capital, libèrent non seulement des intérêts à courir après que les délais de la prescription sont accomplis, mais de ceux même qui sont échus avant l'expiration de ces délais. Justinien donne pour motif de cette disposition que : *principali enim actione non subsistente, satis supervacuum est super usuris vel fructibus ad huc judicem cognoscere*. L. 26. C., *de usuris.*

Nous avons examiné les modes d'extinction de l'obligation principale qui présentent quelque particularité quant aux intérêts ; mais il peut arriver que les intérêts cessent de courir sans que la dette principale soit éteinte.

1° Le créancier, tout en laissant subsister la dette principale, peut faire remise des intérêts au débiteur ; quelquefois même cette remise est présumée ; un rescrit d'Antonin-le-Pieux défend au créancier de réclamer les intérêts qu'il a négligé de demander pendant long-temps, L. 17 § 1. D. *de usuris*. Nous avons déjà vu que, si, au lieu de payer les intérêts primitivement convenus, le débiteur avait, pendant longtemps, payé des intérêts moindres, le créancier ne pourrait plus ensuite réclamer des intérêts plus élevés.

2° Au temps des jurisconsultes classiques, lorsque la masse des intérêts dus, jointe au capital, formait une somme double de ce capital, les intérêts cessaient de courir; mais les intérêts payés régulièrement à l'échéance ne profitaient pas à l'obligé pour le compte du double. L. 10 C. *de usuris*. Justinien décida que les intérêts cesseraient de courir lorsque la somme des intérêts payés régulièrement serait double de la somme principale; cette règle n'était pas applicable aux prêts faits par les villes. L. 29. C. *de usuris* et Nov. 160.

SECTION IV.

Du taux des intérêts conventionnels.

Le taux des intérêts conventionnels doit être fixé par la convention; mais, à cet égard, la liberté des parties, d'abord illimitée, fut ensuite plus ou moins restreinte par les lois.

Avant la loi des XII tables, il était permis aux prêteurs de stipuler des intérêts à un taux quelconque. Tacite nous apprend que la loi décemvirale, obtenue par les plébéiens à la suite de leur retraite sur le mont Sacré, fixa pour la première fois un taux maximum d'intérêt : *Nam primo XII tabulis sanctum ut ne quis unciario fœnore*

*amplius exerceret, quam anteà ex libidine locupletium
agitaretur.* Tacit. *Ann.* VI. 16. Celui qui dépassait ce
maximum devait, d'après la loi, être condamné à rendre
le quadruple de l'excédant. Cato. de *re rust. præfat.*
Gaius (C. IV. § 23.) cite une loi Marcia, dont il ne
fait pas connaître la date, qui permettait d'agir par la
manus injutio pura pour obtenir cette restitution.

Aujourd'hui encore la signification de ces mots :
unciarium fœnus est très-controversée ; plusieurs expli-
cations ont été proposées, et chacune d'elle est soutenue par des jurisconsultes ou des archéologues dont le
nom fait autorité.

I. Un premier système consiste à dire que l'*unciarium fœnus* serait le douzième du capital payé par mois
à titre d'intérêts ; on aurait ainsi un intérêt de 100 p. 0/0
par an. On ne trouve dans aucune législation l'exemple
d'un pareil taux consacré comme intérêt légal ; autant
vaudrait ne pas fixer de limite que d'en établir une
aussi élevée. Cette hypothèse n'est donc pas vraisemblable ; elle est aujourd'hui complètement abandonnée.

II. Saumaize, Dumoulin et Pothier soutiennent que
l'*unciarium fœnus* était de 1 p. 0/0 par an. Les Romains
appelaient *uncia* le douzième de l'unité *(as)* ; de quoi
1 p. 0/0 peut il être le douzième ? A quelque point de
vue qu'on se place, on ne voit pas que le taux de
1 p. 0/0 par an puisse être appelé un douzième.

La rareté des capitaux à cette époque de la république romaine enlève à l'hypothèse que nous examinons
toute espèce de vraisemblance. Si la loi des XII tables

eût établi un taux d'intérêts aussi minime que 1 p. 0/0 par an, on ne comprendrait pas les plaintes continuelles des débiteurs contre les exactions de leurs créanciers.

Comment admettre que ces mêmes patriciens dont l'avarice et la cruauté envers les plébéiens, leurs débiteurs, avaient déterminé la retraite du peuple sur le mont Sacré, se trouvant ensuite chargés de dresser la loi décemvirale auraient consenti à passer d'un extrême à l'autre en inscrivant dans cette loi un taux d'intérêts aussi modéré?

III. D'autres pensent que l'*unciarium fœnus* signifie un douzième du capital par an, et non par mois, comme dans le système que nous avons examiné tout d'abord, ce qui donnerait pour l'intérêt annuel 8 1/3 p. 0/0. Telle est l'opinion de Niébuhr qui a été adoptée par MM. Troplong, Ortolan, de Fresquet et Demangeat. Niébuhr ajoute qu'à l'époque de la loi décemvirale, l'année était encore composée de dix mois, de sorte que, lorsque l'année de dix mois fut remplacée par l'année de douze, le taux de 8 1/3 p. 0/0 aurait été lui-même remplacé par celui de 10 p. 0/0; mais, plus de 200 ans avant la loi des XII tables, Numa avait substitué à l'année de dix mois celle de douze : *omnium primùm, ad cursum lunœ, in duodecim menses describit annum.* Tite-Live, I, 19. Cela étant, l'*unciarium fœnus* serait toujours resté 8 1/3 p. 0/0 et ne se serait pas transformé en un intérêt de 10 p. 0/0 comme le prétend Niébuhr, puisque le changement dans le nombre des mois de l'année qui, selon cet auteur, aurait motivé cette transformation, est précisément de beaucoup anté-

rieur à la loi des XII tables. Cette simple remarque nous parait devoir faire rejeter péremptoirement
l'argument qu'on a cru devoir tirer en faveur de ce
système du rapprochement de deux textes d'Ulpien
(T. VI, §§ 12 et 13) en matière de *retentiones ex dote.*
En effet, toute l'argumentation de Niébuhr repose sur
cette donnée, d'ailleurs très-hypothétique, que les peines prononcées par la loi, en cas de divorce *propter
mores,* contre la femme, doivent être égales à celles
qui frappent le mari dans les mêmes circonstances.
Partant de là, il calcule la perte subie par le mari, en
supposant le taux d'intérêt à 10 p. 0/0; il trouve qu'elle
est égale à celle que la femme aurait à supporter dans
le même cas, et, de cette égalité qui, suivant lui, doit
nécessairement exister, il conclut que l'*unciarium fœnus*
est bien 10 p. 0/0. Mais, même en admettant le point
de départ de Niébuhr, on se demande à quelle époque
et à quel propos le taux de 10 p. 0/0 se serait substitué
à celui de 8 p. 0/0, puisque, comme nous l'avons déjà
fait remarquer, le changement dans le nombre de mois
de l'année, auquel il attribue cette variation dans le
taux de l'intérêt, est antérieur à la loi des XII tables.

IV. Enfin, Cujas, l'archéologue Paul Manuce, et
Sigonius enseignent que la loi des XII tables a fixé le
taux maximum de l'intérêt à un centième du capital par
mois, c'est-à-dire à 12 p. 0/0 par an, puisque, dès cette
époque, l'année était déjà composée de douze mois.

M. Pellat se range à cette opinion qui est rejetée par
M. Demangeat. Selon ce dernier auteur, le reproche le
plus grave qu'on puisse faire à cette doctrine : « C'est

« qu'on n'aperçoit pas bien le rapport entre la chose et
« l'expression qui sert à la désigner. *Uncia*, c'est le
« douzième de l'unité : comment le 12 p. 0/0 par an
« peut-il être considéré comme étant un douzième ?
« Un douzième de quoi ? »

Il est facile de répondre que, l'année étant composée
de douze mois, les intérêts payés pour l'année entière
formaient *l'as usurarium* dont le douzième ou *uncia*
correspond précisément à l'intérêt pour la durée d'un
mois, d'où l'expression *unciarium foenus*. Il faut en
outre remarquer :

1° Que le taux de 12 p. 0/0 était en usage à Athènes,
et qu'il est tout naturel que les commissaires romains
envoyés, sinon à Athènes, au moins dans la Grande
Grèce, pour s'enquérir de la législation grecque, l'aient
introduit à Rome.

2° Que cet intérêt de 1 p. 0/0 par mois, définitivement établi comme intérêt légal sous Scylla et sous
Auguste, avec le nom de *centesima usura*, est toujours
appelé *legitima usura* dans les textes des jurisconsultes
romains, et que l'épithète *legitima* est spécialement ré-
servée aux institutions de la loi des XII tables : *legitima
tutela, legitima hereditas.*

3° Enfin, que ce taux d'intérêt étant plus élevé que
ceux admis par les partisans des autres systèmes, explique parfaitement que les plaintes des plébéiens contre
les exactions de leurs créanciers aient continué après la
promulgation de cette loi.

Des quatre systèmes que nous avons exposés, le dernier nous paraît donc le plus vraisemblable ; mais

aucun d'eux ne présente en définitive de certitude absolue.

La loi des XII Tables ne produisit par le résultat qu'on pouvait en attendre, et plusieurs lois rendues sous la république vinrent modifier ses dispositions sur le taux des intérêts.

En 378, sous le tribunat de Licinius Stolon, une loi permit aux débiteurs de déduire du capital ce qu'ils avaient déjà payé à titre d'intérêts et d'acquitter le surplus en trois années, par portions égales; c'était une vraie banqueroute.

Vingt ans après, les tribuns Duilius et Moenius proposèrent une loi qui rappelait à l'observation de la loi des XII Tables. Montesquieu prétend que cette loi est la première qui ait fixé à Rome le taux de l'intérêt, et il accuse Tacite de l'avoir confondue avec la loi décemvirale; il semble difficile d'admettre que Tacite ait pu se méprendre ainsi.

Cependant les prêteurs, toujours insatiables, ne se contentaient pas des intérêts les plus élevés, et le peuple ne trouvant pas *l'unciarium fœnus* assez modéré, ne voulait pas se soumettre à ce que les lois avaient réglé à ce sujet, de sorte que, l'an 408 de Rome, sous le consulat de Manlius et Plautius, les Tribuns toujours avides de popularité, présentèrent une loi qui réduisait de moitié le taux légal d'intérêt : *dein rogatione tribunitia ad semi-uncias redacta usura.* Tacit. *Ann :* VI, 16.

Le peuple ne fut pas encore satisfait, et réclama l'interdiction absolue de l'usure. C'est ce que fit une loi rendue l'an 413 de Rome, sous le consulat de Caïus Martius Rutilus et de Quintus Servilius, et sur la proposition de Lucius Genuccius, tribun du peuple : *præter hæc invenio apud quosdam L. Genuccium, tribunum plebis, tulisse apud populum ne fœnerare liceret.* Tite-Live, VII, 41. (1).

Les prêteurs inventèrent mille subterfuges pour éluder ces prohibitions et obtenir par la ruse ce qui leur était interdit par la loi Genuccia. Le moyen qui se présentait le plus naturellement était d'employer comme prête-nom un Latin ou un allié auxquels ne s'appliquaient pas les dispositions de la nouvelle loi. Un romain qui avait prêté de l'argent à ses concitoyens, transportait sa dette à un Latin qui lui en payait l'intérêt, et le Latin, de son côté, exigeait l'intérêt du débiteur; *et cum multis fœnebribus legibus constricta avaritia esset, via fraudis inerat ut in socios qui non tenerentur iis legibus, nomina transcriberent; ita libero fœnore obruebant debitores.* Tite-Live. XXXV, 7.

La loi Sempronia eût pour but d'enlever aux prêteurs cette dernière ressource; elle étendit aux peuples alliés et à ceux du *nomen latinum* les prohibitions de la loi Genuccia. On eut alors recours aux provinciaux, mais la loi Gabinia y pourvut encore.

---

(1) Le tribun Genuccius est ainsi le précurseur de Proudhon qui n'a guère inventé, mais qui, pour la contrefaçon, n'avait pas son pareil. Voir Bastiat : *Gratuité de crédit, discussion avec M. Proudhon.*

En dépit des lois et des plébiscites, le mal allait toujours croissant, et les créanciers se faisaient payer des usures plus énormes que jamais : *multis plebiscitis obviam itum fraudibus, quæ, toties repressæ, miras per artes rursum oriebantur*, Tacit. (Ann. VI, 16), lorsque, vers l'époque de Cicéron, on remit en vigueur le taux de 12 p. 0/0 *(usura centesima)* fixé par la loi des XII Tables. A l'époque des jurisconsultes du Digeste, la peine du quadruple prononcée par cette dernière loi contre les préteurs qui avaient dépassé le taux légal, était tombée en desuétude. Ce qui avait été été payé *supra legitimum modum* ne donnait pas lieu à répétition, mais était imputé sur le capital ; la répétition n'avait lieu que si l'excédant des intérêts absorbait le capital. Paul, R. S. II, 15, 2.

Cette limite de l'intérêt s'appliquait seulement au prêt ordinaire ; quand il s'agissait de *nauticum fœnus*, les parties pouvaient convenir d'un intérêt quelconque. Toutefois, la distinction que nous avons déjà faite en examinant la question de savoir si les intérêts pouvaient être dus en vertu d'un simple pacte ajouté à un *mutuum*, se retrouve ici, c'est-à-dire que la liberté absolue existait seulement pour le temps pendant lequel le navire était soumis aux risques de la mer. Avant et après, la règle commune reprenait son empire.

Indépendamment des expressions *centesima usura, legitima usura*, qui servaient à désigner le taux de 12 p. 0/0, on trouve dans les écrits des jurisconsultes et des auteurs romains des dénominations spéciales aux

intérêts moindres ou plus élevés que l'intérêt légal ;
voici celles qu'on rencontre le plus fréquemment :

1° Pour les intérêts moindres que 12 p. 0/0, *usuræ
deunces* (1), *usuræ semisses* (2), *usuræ trientes* (3), signifiaient dix pour cent, six pour cent, quatre pour cent
par an.

2° Pour les intérêts plus élevés que 12 p. 0/0 on se
servait des expressions *binæ, ternæ, centesimæ* qui signifiaient le double, le triple de l'intérêt légal ; on allait
même jusqu'à stipuler *quinas usuras*, et Horace nous en
donne un exemple. (4).

Ce taux de 12 p. 0/0 qui se maintint dans la loi jusqu'à Justinien, fut bien souvent dépassé dans la pratique ; Brutus et Pompée prêtèrent à 48 et à 66 p. 0/0.

Justinien, tenant compte, non seulement de la nature
de l'opération, mais encore de la qualité des prêteurs,

---

(1) Perse en parle dans une de ses satyres :

Quid petis ! ut numos quos hic quicunce modesto
Nutrieras, avidos pergant sudare deunces ?

SAT. v, 149.

(2) Paul, L. 17, D. *de usuris,*. et Scævœla. L ; 102, § 3. D. *de solutionibus.*

(3) Ulpien, L. 7, § 10. D. *de adm. et peric. tutorum.*

(4) Fufidius vappœ famam timet ac nebulonis,
Dives agris, dives positis in fœnore numis ;
Quinas hic capiti mercedes exsecat, atque,
Quanto perditior quisque est, tanto acrius urget.

HORACE. *Serm.* 1, 2. V. 12.

modifia ainsi qu'il suit, la législation qu'il avait trouvée en vigueur :

1° Les personnes illustres et celles qui sont au-dessus de ce titre dans la hiérarchie nobiliaire, ne peuvent prêter que *usque ad tertiam partem centesimæ*, soit 4 p. 0/0.

2° Les autres citoyens, non commerçants, peuvent stipuler *semisses usuras*, soit 6 p. 0/0.

3° Ceux qui font le commerce peuvent stipuler *bessem centesimæ*, soit 8 p. 0/0 (L. 26, § 1. C. *de usuris*).

Dans sa novelle 32, Justinien introduisit, à propos du prêt, une exception favorable à l'agriculture ; il défendit de prêter aux agriculteurs à raison de plus de 4 p. 0/0.

On ne pouvait stipuler, à titre de peine, une somme supérieure aux intérêts légitimes. L. 44, D. *de usuris*.

Justinien abroge la peine du quadruple pour le cas où les intérêts auront été stipulés au-dessus du taux légal et revient au droit du Digeste qui ordonnait l'imputation sur le capital de ce qui aurait été payé *supra legitimum modum*.

Ces règles ne concernaient que le taux de l'argent ; pour prêt de denrées, huile, blé, et autres choses fongibles dont le prix est essentiellement variable, les intérêts ne sont pas limités. L. 23. C., *de usuris*. Pour prêt de denrées fait à des agriculteurs, Justinien établit un maximun, environ 12 p. 0/0 (Nov. 32.)

L'intérêt légal pouvait aussi être impunément dépassé dans les espèces prévues par la loi 14 de notre titre au Code, espèces dans lesquelles l'intérêt est incertain et indéterminé. Si, par exemple, on a remis à son créancier un immeuble, à la condition qu'il en percevrait les fruits pour lui tenir lieu d'intérêts, cette convention est valable, quoique les intérêts se trouvent en fait dépassés; la raison de cette décision est dans *l'incertus fructuum proventus*. Même décision pour le cas où le créancier s'est réservé le droit d'habiter la maison de son débiteur, pourvu qu'il l'habite lui même et qu'il ne la loue pas.

Enfin Justinien décida que le profit maritime, jusqu'alors illimité, ne pourrait dépasser 12 p. 0/0, L. 26. § 1 C., *de usuris*.

Cette législation resta en vigueur dans l'Empire d'Orient, jusqu'à l'Empereur Basile, qui essaya en vain de prohiber le prêt à intérêt; personne ne voulut plus prêter et son successeur Léon se vit forcé de revenir sur la prohibition de son prédécesseur; il fixa le taux d'intérêt à 4 p. 0/0.

Les intérêts, dans la pratique romaine, étaient payables aux kalendes ou premier jour de chaque mois : de là l'expression de *celeres ac tristes kalendæ* (1) et le nom de *Kalendarium* (2) donné au registre sur lequel les créanciers inscrivaient leur créances productives d'intérêts. De là encore ces locutions qu'on trouve dans le

---

(1) Ovide. *Remed. Amor.* v. 265. Horace, *Serm.* 3, v. 86.

(2) Superba densis arca palleat numis :
 Centum explicentur paginæ Kalendarum.
Martial. Epigr. VIII, 44.

Digeste, *Kalendarium exercere,* L. 34, § 1, D. *de Legatis,*
et *in kalendarium conversa pecunia,* L. 39, § 14, D. *de
adminis. tut.* Quelquefois, cependant, on convenait que
les intérêts seraient payés tous les ans et il y avait des
fœneratores qui prêtaient jusqu'aux Ides seulement, c'est-
à-dire à la quinzaine.

CHAPITRE II.

DES INTÉRÊTS MORATOIRES.

On appelle intérêts moratoires ceux qui, en l'absence
de toute convention, sont dus par le débiteur à raison de
sa mise en demeure *(mora)* et depuis cette mise en
demeure.

Voyons d'abord quelles sont les conditions nécessaire pour qu'un débiteur soit en demeure. Il faut distinguer le cas d'une dette à échéance fixe de celui ou
aucun terme n'est fixé pour le paiement.

1° Si la dette est à échéance fixe, aucune interpellation n'est nécessaire pour constituer le débiteur en demeure ; il ne peut ignorer l'obligation qu'il a contractée
à jour fixé, et tout autre avertissement serait superflu.
De là la maxime : *dies interpellat pro homine.* La mise
en demeure par la seule échéance du terme était ap-
pelée *mora ex re.* Ce point de jurisprudence a été inva-
riablement fixé par Justinien. L. 12, C., *de contrah. et
commit. stip.*

2° Si aucun terme n'a été fixé, il faut pour constituer le débiteur en demeure, une interpellation judi-

ciaire ou extra-judiciaire ; c'est ce que les jurisconsultes appelaient *mora ex personâ*. Cette interpellation ne peut avoir lieu avant que la créance ne soit devenue exigible ; s'il s'agit d'une obligation conditionnelle, le débiteur ne peut être constitué en demeure avant l'événement de la condition, puisque jusque là le créancier ne peut rien réclamer. La sommation faite au débiteur en retard de payer ne suffit même pas toujours pour transformer le retard en *mora* ; c'est ce qui arrive lorsque le retard a un motif légitime, lorsqu'il n'y a pas faute de la part du débiteur : *sed et si reipublicæ causâ abesse subito coactus sit ut defensionem sui mandare non possit, moram facere non videbitur ; sive in vinculis hostium ve potestate esse cœperit. L. 23. pr. D. de usuris.*

La sommation ne doit pas nécessairement être faite par le créancier lui-même ; celle qui serait faite par le mandataire ou un *negotiorum gestor* aurait le même effet que celle qui émanerait du créancier. Le jurisconsulte Paul fait remarquer que, dans ce cas, la personne libre qui intervient n'est pas un instrument d'acquisition, qu'elle ne fait que rendre un service. L. 24, § 2. D. *de usuris.*

La sommation doit être faite au débiteur en personne ; celle qui serait faite à son esclave ou à son mandataire serait nulle. La sommation faite à l'un des *correi promittendi* ne nuit pas aux autres ; *alterius mora alteri non nocet* ; il ne tient qu'au créancier de mettre tous les débiteurs en demeure. La mise en demeure du débiteur principal nuit au fidéjusseur : *mora rei fidejussori nocet* ; mais la réciproque n'est pas vraie, car le *reus* ne garantit pas le fidéjusseur. L. 32, §§ 1, 4 et 9. D. *de usuris*.

Dans les contrats *bonæ fidei*, les intérêts, comme les fruits *ex ipsâ re venientes*, étaient dus *ex morâ*. Si la *mora* n'avait pas eu lieu, soit parce que le débiteur n'avait pas reçu de sommation, soit parce que la créance était douteuse et non liquide, les intérêts étaient dus à partir de la *litiscontestatio*, Dans les contrats *stricti juris*, les intérêts moratoires n'étaient jamais dus; ils n'étaient pas assimilés aux fruits proprement dits qui étaient dus *ex morâ* ou *ex litiscontestatione*, suivant que le créancier demandait *quod suum fuit* ou *quod suum non fuit*. L. 30, § 7, D., *de usuris*.

La règle que nous venons d'énoncer est très controversée en ce qui concerne les contrats *stricti juris*, et pour soutenir que, dans ces contrats, les intérêts doivent être assimilés aux autres fruits, on invoque les lois 34 et 35 de notre titre au Digeste.

Si on considère la loi 34 prise isolément, on en tire comme conséquence immédiate que l'assimilation entre les fruits et les intérêts doit être complète; en effet, après avoir dit : *usuræ vicem fructuum obtinent et merito non debent a fructibus separari*, Ulpien ajoute : *et ita in legatis;* or l'action qui naissait du legs était la *condictio*. Mais, si on rapproche ce fragment d'Ulpien d'un passage de Gaius (C. II, § 280.), qui nous apprend que les intérêts des sommes léguées ne sont pas dus au créancier *ex legato*, à moins qu'il ne s'agisse d'un legs *sinendi modo*, on concilie ces deux textes en admettant que les

3

rédacteurs du Digeste ont retranché dans la loi 34 les mots *sinendi modo* qui devaient exister dans le commentaire d'Ulpien sur l'Edit. Cette suppression s'explique d'ailleurs par cette circonstance que Justinien fit disparaître toute différence entre les diverses espèces de legs. La loi 34 ne prouve donc rien contre la règle admise par nous.

Le second argument est tiré de la loi 35 du même titre qui est ainsi conçu : *Lite contestata usuræ currunt.* Ce fragment de Paul ne distinguant pas entre les actions *bonæ fidei* et *stricti juris*, semble indiquer que, dans toutes les intérêts sont dus à partir de la *litiscontestatio.* Mais, en rapprochant ce texte d'un autre du même jurisconsulte, L. 18, D. *de novat. et deleg*, qui dit : *novatione legitime facta, liberantur hypothecæ et pignus usuræ non currunt,* on reconnaît que Paul a voulu uniquement signaler une différence entre la novation volontaire et celle qui résulte de la *litiscontestatio* : la première arrête le cours des intérêts qui n'est pas interrompu par la seconde. Cette comparaison entre les effets de la novation volontaire et ceux de la novation judiciaire, se retrouve encore dans un texte de Paul qui forme la loi 29 du titre *de novat. et delegat.* au Digeste.

En résumé, la loi 34 et la loi 35 ne peuvent nous être opposées. Il y a plus : si on admettait que les intérêts doivent toujours être assimilés aux fruits, il faudrait en même temps admettre que le texte de Pomponius, dans lequel il est dit : *usura pecuniæ quam percepimus, in fructu non est,* (L. 121. D. *de verborum significat.*), n'est susceptible d'aucune application.

Cette différence entre les fruits et les intérêts, en ce qui concerne les contrats *stricti juris*, ne peut s'expliquer que par le rigorisme de la procédure formulaire, et les raisons données par M. Vernet (1) pour prouver qu'elle est fondée sur la nature des choses, ne nous paraissent pas satisfaisantes.

Les intérêts moratoires ne peuvent être dus que lorsque la dette a pour objet une somme d'argent ; dans ce cas, et à cause du placement facile de l'argent à Rome, le créancier est présumé avoir été lésé par le retard seul, sans avoir à prouver qu'un préjudice lui a été causé. Il n'en serait pas de même s'il s'agissait de denrées ; le créancier devrait alors prouver le préjudice résultant du retard de son débiteur. Cependant celui qui est obligé à faire des travaux pour la république, soit en vertu d'un contrat, soit en vertu d'un legs, doit, en cas de retard, payer des intérêts comme s'il était débiteur d'une somme d'argent. L. 5. D., *de operib. publ.* et L. 1., *pr.* D. *de pollicitat.* Mentionnons encore le privilége accordé au fisc de ne pas payer d'intérêts moratoires lorsqu'il est débiteur, tandis que, lorsqu'il est créancier, il y a droit comme un simple particulier. Mais ce privilége cesserait si le contrat n'avait pas été passé directement avec le fisc. L. 17. § 5. D., *de usuris.*

Les villes ne jouissent pas de ce privilége, car la république elle-même est forcée de payer les intérêts d'un fidéicommis après la demeure. L. 78, § 2, D., *de legatis.*

(1) Textes choisis sur la théorie des obligations, p. 31.

Pour éviter les répétitions, nous ne parlerons ici ni des causes pour lesquelles les intérêts moratoires cessent de courir, ni du taux de ces intérêts ; les mêmes règles étant à ce double point de vue applicables aux intérêts moratoires et aux intérêts de droit, nous dirons à la fin du chapitre suivant quand cessent de courir les intérêts dus *citrà conventionem* et quel est le taux de ces intérêts.

CHAPITRE III.

DES INTÉRÊTS DE DROIT.

Des intérêts peuvent être dus antérieurement à la *mora* et *citrà conventionen*, suivant une prescription spéciale de la loi, soit à raison de la nature de la créance, soit à raison d'un privilége accordé à la personne du créancier.

Les contrats de société, de vente, de mandat et de dépôt, la tutelle et la gestion d'affaires nous présentent des exemples d'intérêts dus de plein droit à raison de la nature de la créance.

1. La loi 1, § 1, de notre titre au Digeste, nous apprend que, dans l'action *pro socio*, l'associé qui a tiré des sommes de la caisse sociale pour ses affaires personnelles en doit les intérêts, *omnimodo, etiam mora non interveniente.*

Il semble résulter de la loi 67, § 1. D. *Pro socio*, rapprochée de la loi 60, *pr.*, même titre, que l'associé ne devrait les intérêts des fonds sociaux, que dans le cas où il les aurait employés directement à son usage particulier; mais que la société n'aurait rien à lui demander, s'il les avait seulement prêtés en son nom propre, *suo nomine*. Cette interprétation ne peut-être admise dans un contrat qui, comme la société, est essentiellement de bonne foi, et ces deux textes ne nous paraissent pas pouvoir être conciliés avec la loi 1, § 1. D. *de usuris*.

II. Si le vendeur a livré la chose vendue, l'acheteur, bien qu'il ait un terme pour le paiement de son prix, n'en doit pas moins les intérêts du jour de la livraison : *cum re emptor fruatur, œquissimum est eum usuras pretii pendere.* L. 13. § 20. D. *de act. empt.*

III. Le mandataire doit l'intérêt des sommes qu'il a employées à son usage : *si pecuniam ad usus suos convertit, in usuras convenietur.* L. 10. § 3. D. *mandati vel contra.* Il en serait de même si le mandataire avait prêté à des tiers les deniers du mandant, soit en son propre nom, soit au nom du mandant, et sans distinguer s'il avait été ou non chargé de faire fructifier les fonds à lui confiés. On doit conclure de la loi 13, § 1, D., *de usuris*, que celui qui a gardé chez lui, sans leur faire produire d'intérêts, des sommes appartenant au mandant, alors qu'il savait que ce dernier n'aurait pas manqué de les placer aussitôt après leur réception, en doit aussi les intérêts.

Ce que nous venons de dire serait-il applicable au cas ou le mandataire aurait agi avec l'assentiment du mandant? Ulpien, L. 15, D. *de rebus creditis*, admet que, dans ce cas, il y a *mutuum*, et, comme il n'est pas de l'essence du *mutuum* de produire des intérêts, il faut dire que, si les parties ont gardé le silence, le mandataire pourra se servir des deniers du mandant, sans lui payer d'intérêts. En pareil cas, les intérêts ne seraient même pas dus par suite d'un simple pacte ; une stipulation serait nécessaire.

La loi 12, § 9, D., *mandati*, nous apprend que le mandataire a droit aux intérêts de l'argent qu'il a déboursé, en exécution de son mandat, à dater du jour où il l'a déboursé, le mandat étant un contrat de bonne foi : *totum hoc ex æquo et bono judex arbitratur.* *(Ibidem).*

IV. En matière de dépôt, si l'argent a été déposé dans un sac cacheté, et si le dépositaire brise le cachet pour prendre l'argent et l'employer à son usage, la loi romaine ne voit en lui qu'un voleur et accorde au déposant l'*actio furti*. Le dépositaire peut alors être condamné à payer les intérêts à compter du jour du vol, car *semper moram fur facere videtur*. L. 8. § 1. D., *de condictione furtiva.*

Si les deniers ont été remis sans être cachetés, le dépositaire ne devra les intérêts qu'à dater du jour où il aura été sommé de rendre le dépôt. L. 24, D., *depositi vel contra.*

Quid si les deniers avaient été remis au dépositaire, non-seulement sans être cachetés, mais encore avec dispense de les rendre *in specie?* Un semblable contrat ressemble beaucoup à un *mutuum*, lequel ne peut produire d'intérêts même *post moram*; cependant les jurisconsultes romains, admettant qu'un contrat peut-être modifié dans une certaine mesure sans changer de nom, le considèrent comme un dépôt et accordent au déposant l'*actio depositi* dans laquelle le juge pourra accorder des intérêts *ex morâ: qui pecuniam apud se non obsignatam, ut tantumdem redderet, depositam, ad usus proprios convertit, post moram in usuras quoque judicio depositi condemnandus est.* L. 25, § 1, D., *depositi vel contra.*

V. Le tuteur ne doit pas laisser improductifs les capitaux qu'il reçoit pour le compte du pupille; d'après un texte de Paul, le tuteur a six mois pour opérer le recouvrement des sommes dues au pupille et pour les placer: passé ce délai, *ipse in debitam pecuniam, et in usuras ejus pecuniæ quam non fœneravit, convenitur.* L. 15, D., *de administ, et per. tut.* Ulpien parle au contraire d'un délai de deux mois: *usuræ a tutoribus non statim exiguntur, sed interjecto tempore, ad exigendum, et ad collocandum, duum mensium.* L. 7, § 11, D. *eod. tit.* Les deux jurisconsultes ne sont pas pour cela en désaccord. Le délai de six mois s'applique au tuteur qui entre en fonctions, qui n'est pas encore au courant de l'administration; mais s'il s'agit de sommes dues au pupille qui deviennent exigibles pendant la durée de la tutelle, le tuteur n'a qu'un délai de deux mois pour les recouvrer et les placer. Les articles 1065 et 1066 du Code Napoléon présentent une distinction analogue.

VI. Dans la gestion d'affaires, le *negotiorum gestor* doit *de plano* les intérêts de l'argent qu'il a touché ou qu'il eût dû toucher : *non tantum sortem, verum etiam usuras ex pecunia aliena perceptas negotiorum gestorum judicio præstabimus : vel etiam quas percipere potuimus.* L· 19, § 4, D. *De negotiis gestis:* Le gérant débiteur de celui dont il gère les affaires est tenu de plein droit aux intérêts de la somme qu'il doit, à compter du jour de l'exigibilité de la dette, à moins qu'il n'en ait fait un emploi utile. L. 6, § 12 et L. 38, D., *eod. tit.* La preuve d'un emploi utile pour celui dont l'affaire a été gérée, incombe au gérant qui doit représenter ses livres de comptes, *même loi 38.* Le droit français est moins rigoureux que le droit romain ; il n'assujettit le gérant sans mandat qu'aux obligations du mandataire, c'est-à dire qu'il ne doit l'intérêt des sommes qu'il a employées à son usage, qu'à dater de cet emploi, et l'intérêt des sommes dont il est reliquataire, à compter du jour où il est mis en demeure (C. N. 1372. 1996).

Réciproquement, le maître dont l'affaire a été gérée utilement, doit rembourser au *negotiorum gestor* les sommes qu'il a déboursées avec les intérêts à partir du jour où les avances ont été faites : *contra quoque usuras, quas præstavimus, vel quas ex pecunia nostra percipere potuimus, quam in aliena negotia impendimus, servabimus negotiorum gestorum judicio* L. 19, § 4. D. *de negotiis gestis.*

Quelquefois aussi un privilége accordé à la personne du créancier produit des intérêts sans convention ; tel est le privilége dont jouit le fisc. Le fisc ne paie pas d'intérêts pour ses contrats, mais il en reçoit des autres ;

par exemple de ceux à qui il afferme les impôts et qui ne paient pas exactement. L. 17, § 5, D. *de usuris.* Ces intérêts sont dus au fisc, non-seulement lorsqu'il a contracté lui-même, mais encore lorsqu'il a succédé aux droits d'un autre : *si debitores, qui minores semissibus præstabant usuras, fisci esse cœperunt, postquam ad fiscum transierunt, semisses cogendi sunt præstare.* L. 17. § 6, D, *eod. Tit.* Si, au contraire, quelqu'un succédait au fisc, on retomberait immédiatement sous l'empire du droit commun, c'est-à-dire que celui qui exercerait les actions du fisc en vertu d'une cession, ne pourrait demander que les intérêts stipulés à dater du jour où le fisc lui aurait cédé ses droits. L. 43. D. *eod. Tit.*

Cujas et d'autres interprètes soutiennent que les intérêts dus *citra conventionem* cessent de courir dès que le créancier est en retard de recevoir ; quand bien même la consignation n'aurait pas été faite, ce qui n'a pas lieu lorsqu'il s'agit d'intérêts conventionnels. Ils donnent pour raison que les intérêts sans convention étant dus à cause de la demeure du débiteur, ils doivent cesser par celle du créancier; que l'effet ne peut survivre à la cause ; que la faute du débiteur doit être effacée par celle du créancier.

D'autres, et parmi eux Pothier, sont d'avis qu'ici, comme pour les intérêts conventionnels, la consignation est nécessaire, parceque, bien que ces intérêts soient dus dans plusieurs cas à partir de la demeure, ils ne sont cependant pas dus à cause de la demeure. Et, en effet, Cujas et ceux qui sont de son avis, devraient au moins distinguer entre les intérêts dus *ex mora* et ceux dus *de plano etiam mora non interveniente ;* car, pour ces derniers, leur système n'a pas de raison d'être, et comme les textes ne distinguent pas, du moment que leur règle ne peut s'étendre à tous les cas d'intérêts dus *citra conventionem,* elle ne peut s'appliquer à aucun. Les lois 1, § 3, de notre titre au Digeste, et 28, § 1, D. *de admin. et peric. tut.,* sont complètement en faveur de cette dernière opinion.

Dans la première, Papinien décide que, si sur le refus du pupille d'intenter l'action de tutelle, son tuteur, après l'avoir actionné lui-même, lui fait des offres et consigne les sommes qu'il lui doit, les intérêts cessent de courir.

Dans la seconde, Ulpien enseigne la même chose en termes plus explicites. D'après Marcellus, le tuteur qui a cessé d'administrer depuis la majorité du pupille, ne lui doit plus d'intérêts dès l'instant qu'il a fait des offres ; et même celui qui, étant actionné, n'a pas été en demeure de restituer la tutelle ne doit pas être forcé de payer les intérêts : *Ulpianus notat, non sufficit obtulisse nisi et deposuit obsignatam tuto in loco.*

Les intérêts dus *citra conventionem* cessent encore de courir du jour de la sentence, pendant le délai accordé aux condamnés pour l'exécuter ; après ce délai, ceux qui sont dus en vertu de la chose jugée commencent à courir. l. 13. C. *de usuris.*

La loi 1, § 2, de notre titre au Digeste, nous dit que le juge ne pourra pas forcer à fournir caution pour les intérêts à courir après le délai. En effet, souvent le juge ordonne de donner caution pour l'avenir ; mais il n'en est ainsi que lorsque la cause de cette caution à fournir pour un événement futur existe elle-même et a été déduite dans l'action, comme lorsque l'obligation existe déjà quoique l'exécution en soit différée. Mais ici le juge ne peut pas ordonner qu'on donnera caution des intérêts de la chose jugée, lesquels ne seront dus qu'en cas de non-paiement après les délais accordés aux condamnés ; la cause pour laquelle ils seront dus n'existe pas encore et n'existera peut-être jamais. La loi 1, C. *de sententia quæ sine certa*, ne renferme rien de contraire à cette décision, car l'hypothèse n'est pas la même ; dans cette dernière loi, le juge prononce sur les intérêts d'une chose déjà jugée et non sur ceux qui résulteraient de l'inexécution de sa sentence.

En cas d'appel du jugement, le délai accordé au condamné ne court qu'à partir de la sentence du juge d'appel, qui pourra cependant condamner le débiteur à payer les intérêts à compter de la sentence du premier juge, s'il reconnaît que l'appel a été témérairement invoqué. C'est ce que décide la loi 41 de notre titre au Digeste : *Tutor condemnatus, per appellationem traxerat executionem sententiæ : Herennius Modestinus respondit, eum qui de appellatione cognovit, potuisse, si frustratoriam morandi causa appellationem interpositam animadverteret, etiam de usuris medii temporis eum condemnare.* Bien plus, si le juge a omis de le condamner, on donnera au créancier une action utile pour réclamer ces intérêts en vertu de la première sentence confirmée ; cette décision se trouve dans deux passages du jurisconsulte Scœvola. L. 64, D. *de re judicatu* et L. 24, D. *de appellat. et relat.*

Nous savons déjà que les intérêts dus en vertu du privilége du fisc étaient dus à raison de 6 p. 0/0. Mais il n'y a point de taux fixé pour ceux qui sont dus à cause de la demeure dans les contrats de bonne foi, ou, sans demeure, par la nature du contrat ; c'est pourquoi, lorsqu'il s'agit d'une action de bonne foi, le juge détermine d'office le taux de l'intérêt *ex more regionis ita tamen ut legi non offendat.* L. 1. *pr.* D. *de usuris.*

Justinien a voulu qu'on observât le taux qu'il avait prescrit pour les intérêts conventionnels, dans tous les cas *in quibus citra stipulationem exigi usuræ solent. Nec liceat judici memoratam augere taxationem, occasione consuetudinis, in regione obtinentis.* L. 26, § 1 C. *de usuris.*

Remarquons, en terminant, que les intérêts dus *citra conventionem* ne sont pas dus, comme les intérêts conventionnels, en vertu d'une nouvelle obligation, mais seulement *ex officio judicis* devant lequel se poursuit l'instance relative à la dette principale ; d'où cette conséquence qu'ils sont perimés *judicio finito,* si le juge a omis de les déduire *in judicium.* L. 13, C. *de usuris.*

ANCIEN DROIT FRANÇAIS.

Avant d'aborder la législation actuellement en vigueur, nous allons exposer l'histoire des intérêts avant le Code Napoléon, en nous attachant surtout aux intérêts conventionnels qui, pendant cette période, ont si sérieusement préoccupé les théologiens et les jurisconsultes. Quant aux intérêts moratoires et légaux, ils n'ont pas été en butte aux mêmes anathèmes et n'ont pas subi les mêmes vicissitudes; ils existaient dans l'ancien droit; les intérêts conventionnels eux-mêmes n'étaient interdits que dans le contrat de prêt, car ils pouvaient être stipulés en matière de vente de choses mobilières, de dons ou de legs, de transactions et de sociétés. Pour plus de facilité, nous traiterons séparément de la législation ecclésiastique et de la législation civile.

LÉGISLATION ECCLÉSIASTIQUE.

Le prêt à intérêt ne fut d'abord proscrit que par l'Église; les conciles d'Elvire (305) et de Nicée (325) sont les premiers qui s'occupent de la matière; leurs prohibitions ne s'adressent qu'aux clercs seuls, sans

doute parcequ'il leur appartient de donner l'exemple de
la perfection chrétienne poussée à ses extrêmes limites.
Peut-être aussi le concile de Nicée aurait-il craint de
contredire trop ouvertement la loi civile en étendant
aux laïques une semblable prohibition ; nous savons en
effet qu'une constitution de Constantin, antérieure de
quelques mois seulement à l'ouverture de ce concile,
avait maintenu à 12 p. 0/0 le taux de l'intérêt de l'argent
et à 50 p. 0/0 l'intérêt des fruits secs et liquides. L. 1.
C. Th. *de usuris*.

Après Constantin, les Pères de l'Eglise d'Orient, et
parmi eux saint Basile et saint Grégoire de Nysse, con-
vaincus qu'il ne suffisait pas d'interdire l'usure aux
clercs, firent tous leurs efforts pour faire entrer la
société civile elle-même dans les voies de la perfection
évangélique. Leurs tentatives échouèrent devant la
sagesse de Justinien qui se contenta de fixer de nouvelles
limites au taux de l'intérêt. L'Empereur Basile crut
pouvoir faire mieux ; mais nous avons déjà vu que sa
réforme ne lui survécut pas.

Le concile de Nicée avait interdit l'usure à tous les
clercs sans distinction ; un concile tenu à Constantinople
en 692, et appelé indifféremment concile *in trullo* ou
concile *quini-sexte*, fit fléchir la rigueur de cette règle
en restreignant la prohibition du concile de Nicée aux
clercs majeurs (évêques, prêtres et diacres), et aux
intérêts plus élevés que 12 p. 0/0.

Ainsi, dans l'Empire d'Orient, aucune loi civile ou
religieuse ne défendit aux laïques le prêt à intérêt.

Dans l'Eglise Latine, saint Ambroise à Milan, saint Jérôme à Rome et saint Augustin en Afrique, attaquèrent l'usure avec une ardeur voisine de la violence, et, en 450, le pape saint Léon, le même qui avait arrêté Attila aux portes de Rome, se crut assez puissant pour imposer aux laïques la défense déjà faite aux cleres ; la même prohibition fut depuis renouvelée par plusieurs conciles. Mais, à cette époque, l'autorité du Pontife ne s'étendait pas au-delà des Alpes et le prêt à intérêt, proscrit en Italie, persista dans les Gaules, sous la protection des lois romaines. Sidoine Apollinaire, évêque de Clermont (430-489), nous apprend que, de son temps, les évêques des Gaules prêtaient leur argent à des taux largement rémunérateurs.

La défense de Moïse aux Hébreux, et la proposition d'Aristote, fortifiées par un texte mal compris du Nouveau Testament, a servi de point de départ à la doctrine de l'Eglise et aux prohibitions des conciles ; saint Luc, rappelant les paroles du Christ, a dit : *mutuum date nihil inde sperantes.* C. VI, v. 35. (1) Si ce passage de l'Evangile devait être pris à la lettre, le prêteur devrait renoncer non-seulement à l'intérêt, mais encore au

(1) Rossi disait un jour, en parlant de ce passage de St-Luc : « Mon Dieu ! dans cette malheureuse affaire du taux de l'intérêt « sur laquelle tout le monde devrait être d'accord, il y a un obstacle « dans un texte sacré que je respecte fort, mais qu'on interprète « d'une façon tout à fait inexacte : *mutuum date nihil inde speran-* « *tes,* cela veut dire tout simplement : quand vous prêtez votre ar-« gent, vous n'êtes jamais sûr qu'on vous le rendra. »

capital lui-même. Une logique rigoureuse aurait conduit jusque là les Docteurs de l'Église qui, sans doute effrayés d'une pareille conséquence, ont divisé le précepte, le regardant comme obligatoire en ce qui concerne les intérêts, sans en tenir compte quant au capital. On peut d'ailleurs opposer victorieusement à cette interprétation un autre passage des Évangiles, la parabole des talents. On y parle de deux serviteurs dont l'un a fait fructifier l'argent de son maître, *operatus est et in talentis lucratus est,* tandis que l'autre *fodit in terra et abscondit pecuniam domini.* On adresse des éloges au premier et des reproches au second : *oportuit ergo te committere pecuniam meam nummulariis, ut veniens ego recepissem quod meum est cum usuris.* Saint Mathieu, C. XXV, v. 14 et suiv. — Saint Luc C. XIX, v. 13. Si donc on n'isole pas le texte de saint Luc du reste des Évangiles, on doit reconnaître qu'il ne renferme pas une règle absolue de morale, une interdiction positive du prêt à intérêt, mais un simple conseil de perfection chrétienne.

Cette sévérité des lois ecclésiastiques à l'égard de l'usure s'explique facilement, si on tient compte des conditions économiques au milieu desquelles elles ont été formulées. A cette époque, on empruntait moins pour se livrer à des entreprises industrielles que pour satisfaire un pressant besoin ; on ne connaissait guère que le prêt de nécessité absolue, *propter vitam* ; il s'agissait de secourir l'homme tombé au dernier degré de la misère ; alors, exiger un intérêt n'était autre chose qu'asseoir un profit sur la détresse de son prochain et l'on conçoit que les principes d'une religion toute fraternelle devaient condamner un tel calcul qui, aujourd'hui encore, répugne à une âme généreuse.

Plusieurs conciles, réunis sous le règne de Louis-le-Débonnaire, déclarent infâmes les prêteurs à intérêts, qu'ils appellent usuriers *(in tota vita infames habeantur)*, et les privent de la sépulture ecclésiastique.

Au douzième siècle, dont toute l'activité scientifique se tourna vers le droit romain, les théologiens, ayant pour alliés naturels les philosophes *(philosophia ancilla theologiæ)*, eurent à lutter contre les légistes qui voulaient remettre en vigueur la loi romaine, qui permettait le prêt à intérêt, sauf à en interdire les excès et les abus. Les théologiens maintenaient dans toute leur rigueur les prohibitions du droit canon et les philosophes leur prêtaient l'appui d'Aristote dont les propositions avaient au douzième et au treizième siècle toute l'autorité d'un axiôme de géométrie ou d'un dogme révélé. La victoire resta aux théologiens. Innocent III ne craignit pas de délier de leurs engagements envers leurs créanciers les débiteurs de tout prêt à intérêt ; c'était méconnaître la plus vulgaire probité et légitimer au nom de la religion le vol et la mauvaise foi (1). C'est à cette époque que la connaissance des contrats usuraires passa de la juridiction civile à la juridiction ecclésiastique : « la « connaissance de l'usure appartient à la Cour de chré- « tienté » disait Beaumanoir.

_____

(1) Frank. *Philosophie du Droit pénal,* 2ᵉ part. chap. IV.

En autorisant le contrat de rente constituée, le pape Martin V, dont la décision fut confirmée par une bulle de Calixte III, du mois de mai 1455, avait paru faire entrer l'Eglise dans des idées un peu moins absolues ; mais, au seizième siècle, Léon X et Pie V renouvellent les anathèmes de leurs prédécesseurs, et Sixte V, dans sa bulle *Detestabilis*, publiée en 1586, défend les contrats de société où l'un des associés se chargeant de la perte possible du capital, s'oblige à payer une certaine somme tous les ans ou tous les mois.

On comprend aisément que l'observation rigoureuse des lois ecclésiastiques aurait eu pour résultat immédiat d'arrêter toutes les affaires, surtout lorsque l'activité imprimée au commerce par les découvertes du quinzième siècle rendit nécessaires des mises de fonds considérables ; aussi, toutes sortes de combinaisons furent imaginées pour prêter et emprunter sans encourir les foudres de l'Eglise. Parmi les plus connues nous nous contenterons de citer les *Trois Contrats* et le *Mohatra.*

La première, inventée par les clercs d'Orient, alors que l'usure leur était encore interdite par les dispositions canoniques, passa bientôt en Occident, et, pendant le quinzième et le seizième siècle, fut très-répandue en France, en Espagne, en Italie et en Portugal. Voici, d'après le père Diana, en quoi consiste ce triple contrat :

« Est-il permis de donner une grosse somme d'argent
« à un marchand, à condition qu'il en paiera, par

« exemple, 5 p. 0/0 d'intérêt ? Je réponds affirmative-
« ment, pourvu qu'on ait eu intention de célébrer trois
« contrats : un contrat de *société*, un contrat d'*assurance*
« du principal, et un contrat de *vente* d'un plus grand
« gain incertain pour un moindre certain et assuré.
« Et afin qu'on puisse mieux entendre la chose, voici
« comment on procède dans ce triple contrat : premiè-
« rement, on donne de l'argent par forme de société à
« un marchand qui le doit employer dans le commerce,
« en sorte que le profit de cette société peut bien
« revenir à 10 ou 12 p. 0/0 ; on fait ensuite un second
« contrat, par lequel, afin que le marchand réponde de
« la somme et l'assure, on relâche 5 p. 0/0 des douze
« qu'on pouvait espérer de la société ; enfin, on cède
« encore quelque chose, afin qu'il promette un profit
« fixe et déterminé. Tout étant ainsi fait, il reste par
« exemple cinq pour cent, qu'on peut recevoir sans
« usure et sans injustice, puisqu'alors l'égalité est
« gardée, les peines du marchand sont dûment com-
« pensées, et que, ces trois contrats étant justes, pris
« séparément, ils ne sauraient être injustes lorsqu'on
« les joint ensemble et qu'on les fait dans un même
« temps, avec la même personne. » Diana, *Tract.* 8,
Resol. 36.

« Le contrat Mohatra, disent les RR. PP. Escobar
« et Lessius, est celui par lequel on achète des étoffes
« chèrement et à crédit pour les revendre, au même
« instant et à la même personne, au comptant et à bon
« marché. — Le Mohatra est quand un homme qui a
« affaire de 20 pistoles achète d'un marchand des

« étoffes pour 30 pistoles payables dans un an, et les
« lui revend à l'instant même pour 20 pistoles comp-
« tant. » Nous verrons plus tard quel parti les bour-
siers de nos jours ont su tirer de cette combinaison
qui n'avait d'abord été imaginée que pour mettre en
paix la conscience des dévots qui pratiquaient l'usure.

La réforme religieuse amena le libre examen des
questions que l'Église s'était jusqu'alors exclusivement
réservées; le dominicain Bucer, devenu luthérien vers
1530, et après lui Calvin, se prononcèrent contre la prohibition absolue des intérêts. L'Église catholique n'en
fut pas ébranlée dans sa doctrine. Sous le règne de
Louis XIV, Bossuet lui-même descendit dans l'arène et,
pour réfuter la doctrine Calviniste sur l'intérêt, soutenue
alors par Saumaize, il écrivit son traité de l'usure, dans
lequel on ne trouve d'ailleurs aucun argument nouveau.
Pour Bossuet, l'usure est tout ce qu'on exige au-delà
de la somme prêtée; il excepte cependant de ses prohibitions le dommage éprouvé et le profit manqué, *damnum
emergens et lucrum cessans.*

Pendant le dix-huitième siècle, la question de l'usure
devient plus que jamais à l'ordre du jour; les livres
pour et contre se succèdent sans intervalle. Pour dé-
fendre la doctrine de l'Eglise, l'archevêque de Paris,
cardinal de Noailles, établit des conférences ecclésiastiques sur l'usure et la restitution des intérêts qui
furent rédigées en 1717 par le père Sémélier. Au *court
traité des rentes rachetables des deux côtés,* publié en
1729, par Brœdersen, curé de Delft en Hollande, on
oppose dès 1730 le *dogme de l'Église sur l'usure exposé*

et défendu, ouvrage rédigé par plusieurs auteurs dans le sens des rigoristes, et beaucoup d'autres opuscules.

La polémique devint si vive que Benoit XIV, devenu pape en 1742, voulant mettre un terme aux dissentiments qui régnaient parmi les catholiques au sujet de l'usure, soumit la question à une assemblée de cardinaux, moines, clercs, prélats versés dans cette matière, dont la décision prise à l'unanimité se trouve consignée dans la lettre encyclique *Vix pervenit*. Cette encyclique, qui n'est pas un chef-d'œuvre de clarté, n'atteignit pas le but qu'on avait en vue.

Depuis cette époque, le Saint-Siége s'est cependant contenté de renvoyer à l'encyclique de Benoit XIV les évêques qui l'ont consulté sur la légitimité des intérêts, et toutes les fois que la question a été soulevée, la Sacrée Pénitencerie a déclaré qu'il ne fallait inquiéter ni les prêteurs à intérêt, ni les confesseurs qui les absolvent, *quousque sancta sedes definitivam decisionem emiserit cui parati sint se subjicere*. Cette décision définitive sur la question si longtemps controversée de l'usure, le Saint-Siège ne l'a pas encore formulée ; mais chacun sait que la force des choses l'oblige à se montrer très tolérant dans la pratique.

LÉGISLATION CIVILE.

Ce fut seulement sous le règne de Charlemagne que les prohibitions de l'église au sujet des intérêts, passèrent dans la loi civile ; deux capitulaires de cet empereur, l'un de 789 et l'autre de 823, défendirent de la façon la plus absolue toute perception d'intérêts : *omnino omnibus interdictum est ad usuram aliquid dare.*

Cette prohibition absolue qui se maintint sous les successeurs de Charlemagne, était incompatible avec les relations les plus indispensables, même dans une société dans laquelle l'esprit commercial ne s'est pas encore développé. Elle eût le même résultat que l'abaissement forcé de l'intérêt chez les Romains, elle ouvrit à l'usure un champ illimité, car beaucoup ne peuvent s'empêcher d'emprunter et les capitalistes qui ne consentent pas à livrer gratuitement la jouissance de leurs capitaux, veulent s'indemniser des risques que leur fait courir la sévérité des lois. L'usure devint donc plus monstrueuse que jamais; il fallut trouver un palliatif, et voici ce qui arriva.

Depuis Philippe-Auguste, les rois de France (à l'exception de Saint-Louis, qui se montra toujours rigoureux, mais honnête envers les juifs), tout en maintenant en principe la prohibition de l'usure vendirent aux juifs et aux lombards le droit de prêter de l'argent à gros intérêt, sauf à les chasser ensuite et à confisquer leurs biens lorsque l'exploitation de leurs priviléges les avait rendus l'objet de la haine du peuple. Ce monopole était vendu d'autant plus cher que le concessionnaire était autorisé à retirer de son capital un intérêt plus élevé. Il en était de même en Italie, en Espagne, en Angleterre et en Belgique; l'Allemagne seule faisait exception, parceque les empereurs d'Allemagne se donnant pour les héritiers des empereurs romains, comptaient au nombre de leurs prérogatives de permettre le prêt à intérêt, sous des conditions définies par la loi civile.

Pour justifier un pareil état de choses, on avait recours à un singulier raisonnement que nous trouvons dans la bouche des conseillers de Saint-Louis, quand ce roi veut bannir de son royaume une industrie condamnée par l'Eglise. Qu'importe, lui disait-on, qu'une race damnée fasse un métier damnable? Vous n'ajouterez rien au danger que court leur salut, et vous donnerez satisfaction aux besoins de vos peuples.

A partir de Louis XI, les ordonnances royales, parmi lesquelles nous citerons celle de mars 1567, rendue à Fontainebleau par Charles IX, et celle de 1579, rendue à Blois par Henri III, ne distinguent plus entre les juifs et les chrétiens; toute perception d'intérêt est interdite à l'égard de tous et sous les peines les plus sévères. Toutefois, et sans attaquer le principe de la loi civile, on fut conduit par la nécessité à admettre un grand nombre d'exceptions. On réserva l'intérêt des monts-de-piété institués pour le bien des pauvres; celui de la rente constituée déjà admis par les théologiens du moyen âge et celui de toute somme prêtée à l'Etat. On plaça aussi en dehors de la loi commune les emprunts faits par les marchands des foires de Lyon, pourvu qu'ils n'empruntassent que pour les besoins de leur commerce. Cette dernière exception s'étendit à tous les commerçants et amena l'existence de banques régulières.

Avec le seizième siècle, deux événements s'étaient produits: la réforme religieuse et la renaissance des études juridiques; nous avons déjà parlé de la réforme, il nous reste à dire quelques mots des jurisconsultes. Dumoulin, le premier jurisconsulte qui se soit occupé de l'usure, est en principe l'adversaire du prêt à intérêt, mais il fait de nombreuses concessions. Tour à tour calviniste et luthérien, il subit, dans sa doctrine, l'influence de deux religions qu'il a successivement embrassées. Domat reproduit les arguments de Dumoulin et des théologiens; Saumaise, à la fois jurisconsulte et calviniste, prend en main la défense du prêt à intérêt et nous avons déjà vu que Bossuet essaya de le réfuter.

A la même époque, Grotius, Noodt et Puffendorf se prononcent pour la légitimité de l'usure; mais, comme étrangers, ils ne pouvaient avoir sur cette matière qu'une influence bien restreinte et qu'une autorité bien contestée.

Pothier est le dernier jurisconsulte partisan de l'ancienne doctrine; il soutient que le prêt ne peut être que gratuit. Il divise les intérêts en deux classes : « il y a, « dit-il, des intérêts *lucratoires* et des intérêts *compensatoires*. » Les derniers sont seuls licites; suivant lui, ce sont ceux qui sont dus dans le cas d'un *damnum ex mutuo emergens*, ou même d'un *lucrum cessans*. Mais nous savons que, du temps de Pothier, il y avait déjà de nombreux placements productifs pour l'argent, de sorte que, pour tout prêteur, il y avait au moins *lucrum cessans*, et la concession faite par cet auteur à l'endroit des intérêts compensatoires aurait dû l'amener à reconnaître la légitimité du prêt à intérêt.

Pendant que Pothier se faisait le champion des préjugés d'autrefois, la cause de l'intérêt avait pour partisans les philosophes et les économistes. L'école de Quesnay et d'Adam Smith réclame la liberté absolue du prêt à intérêt; Montesquieu et après lui Turgot, soutiennent les mêmes principes.

Quand éclata la révolution de 1789, l'Assemblée constituante se trouva donc placée entre les idées nouvelles et la vieille législation, entre la liberté illimité et la prohibition absolue; elle prit un parti intermédiaire et, dans la séance du 3 octobre 1789, elle décréta que « tous particuliers, corps, communautés et gens de » main-morte, pourront à l'avenir prêter de l'argent à » terme fixe, avec stipulation d'intérêts *suivant le taux* » *déterminé par la loi,* sans entendre rien innover dans » les usages des différentes places de commerce. »

Comme on le voit, les législateurs de 1789 n'osèrent pas aller jusqu'au bout; ils proclamèrent la légitimité du prêt à intérêt, mais non la liberté dans la fixation du taux, qui se trouva limité à 5 p. 0/0, taux des rentes et des intérêts moratoires dans le dernier état de l'ancien droit.

Cette législation resta en vigueur jusqu'à la promulgation du Code civil; mais, dans la pratique, le taux de l'intérêt de l'argent fut illimité pendant toute la révolution. En s'abstenant de fixer le taux de l'intérêt, les rédacteurs du Code Napoléon ne firent donc qu'inscrire dans la loi une liberté qui, depuis la loi de 1789, avait pris place dans le domaine des faits; de sorte qu'en droit, comme en fait, depuis le Code Napoléon jusqu'à la loi de 1807, le taux de l'intérêt ne fut soumis à aucune restriction.

———————

DES INTÉRÊTS SOUS LE CODE NAPOLÉON.

On ne trouve dans le Code Napoléon ni un titre, ni un chapitre qui corresponde au titre 1er du livre XXII *(de usuris et fructibus...)* du Digeste, ou au titre 32 du livre IV *(de usuris)* du Code de Justinien ; la théorie que nous allons exposer, ne résulte que du rapprochement et de la combinaison de textes très-nombreux éparpillés dans l'ensemble de nos lois.

En étudiant la législation romaine, nous avons vu quelles choses peuvent produire des intérêts et en quoi doivent consister les intérêts : nous ne répéterons pas ici ce que nous avons déjà dit à ce sujet. Mais nous avons à parler de l'anatocisme qui, proscrit par la loi romaine et par l'ancien droit français, est autorisé par le Code sous certaines restrictions.

C'est l'art. 1154 qui régit cette matière : « Les » intérêts échus des capitaux peuvent produire des » intérêts, ou par une demande judiciaire ou par une » convention spéciale, pourvu que, soit dans la deman- » de, soit dans la convention, il s'agisse d'intérêts dus » au moins pour une année entière. »

Pourquoi la loi exige-t-elle que les intérêts qui doivent en produire d'autres soient dus *au moins pour une année entière ?* Il résulte de la discussion au Conseil d'Etat et au Corps législatif que cette prescription a pour but d'empêcher la ruine trop rapide des débiteurs, et tous les jurisconsultes dont nous avons consulté les écrits, ne manquent pas de féliciter le législateur d'une aussi sage prévoyance; voyons donc ce qu'il y a de sérieux au fond de tout cela. Supposons d'abord un capital placé à intérêt composé, d'année en année, comme le permet notre article, et au taux de 5 p. 0/0 par an; un calcul très simple nous apprend qu'il sera doublé en 14 ans 2 mois et 13 jours. Prenons maintenant le cas qui s'éloigne le plus des prescriptions du Code, c'est-à-dire celui où la même somme serait placée à *intérêt continu* et au même taux de 5 p. 0/0 par an. Le calcul nous fait voir que, dans cette dernière hypothèse, le capital sera doublé au bout de 13 ans, 10 mois, et 15 jours, soit 3 mois et 28 jours plus tôt que dans les conditions de l'art. 1154 (1). Si donc le débiteur

---

(1) Soit un capital A placé à r pour 1 franc par an, à intérêts composés. Au bout de t années, il deviendra $A (1+r)^t$, en supposant que les intérêts s'ajoutent au capital au bout de chaque année.

Si les intérêts venaient augmenter le capital au bout de $\frac{1}{m}$ d'année, la somme placée deviendrait au bout du même temps t,

$A (1 + \frac{r}{m})^{mt}$ Faisons $m = \infty$, il viendra :

$$\lim. \ A (1 + \frac{r}{m})^{mt} = A e^{rt}$$

Pour avoir le temps au bout duquel le capital placé à intérêt continu et à 5 p. 0/0 par an, sera doublé, il suffit de poser :

$$A e^{0,05 \cdot t} = 2 A$$

D'où l'on déduit :

$$t = \frac{\text{Log. 2}}{0,05 \times \text{Log. } e} = \frac{0,30103}{0,05 \times 0,43429} = 13 \text{ ans, } 10 \text{ mois, } 15 \text{ jours.}$$

devait être ruiné par la duplication du capital, la prohibition de la loi n'aurait d'autre effet que de reculer de 3 mois et 28 jours ce malheureux évènement. Ce n'était vraiment pas la peine d'inscrire dans le Code un article de plus pour obtenir un résultat aussi insignifiant.

Les intérêts ne peuvent former un nouveau capital que par suite d'une convention ou d'une demande judiciaire, et, dans ce dernier cas, il ne suffit pas de réclamer le capital ; il faut encore conclure expressément aux intérêts. Une sommation ou tout autre acte ne produirait pas cet effet, quand bien même il s'agirait d'intérêts dus pour une année entière.

L'application de l'art. 1154 donne lieu à plusieurs questions.

On se demande d'abord si les intérêts échus et exigibles, dus pour moins d'une année, par ce que le prêt, par exemple, n'aurait été fait que pour six mois, peuvent être capitalisés par l'effet d'une convention intervenue à l'époque de l'exigibilité et produire à leur tour des intérêts. Ce cas ne doit pas être assimilé à celui où les parties conviendraient, lors du prêt, que les intérêts formeront tous les six mois un nouveau capital ; quand les intérêts sont exigibles, il importe peu qu'au lieu de les payer actuellement, et d'emprunter peut-être pour cela d'une autre personne, le débiteur ne les conserve comme si c'était une nouvelle somme qui lui fût prêtée. La convention qui nous occupe a l'avantage d'épargner au débiteur l'embarras de chercher un nouveau prêteur, et c'est à tort, selon nous, qu'on a voulu y voir un moyen d'éluder la loi du 3 septembre 1807, qui défend de prêter à plus de 5 p. 0/0. Cette solution est consacrée par la Cour de cassation (11 décembre 1844).

Peut-on convenir, en faisant un prêt pour plusieurs années, qu'au lieu de payer les intérêts annuellement, le débiteur les gardera à condition qu'ils produiront à leur tour des intérêts, pour le tout être remboursé avec le avec le capital à l'époque fixée? Pour la négative, on argumente du texte même de l'art. 1154 qui parle d'intérêts *échus, dus pour une année au moins,* et on prétend qu'il n'est pas possible, à moins de forcer le sens de la phrase, de donner à ces mots le sens d'un futur passé. L'affirmative résulte de l'art. 1130 suivant lequel les choses futures peuvent être la matière d'une convention; tout ce que la loi veut, c'est que les intérêts ne puissent eux-mêmes devenir productifs d'intérêts, qu'autant qu'ils sont dus au moins pour une année entière de jouissance. Si l'art. 1154 était entendu autrement, il faudrait dire qu'il renferme une disposition inutile, ou du moins qu'il ne servirait qu'à rendre superflue une double tradition.

La prohibition de l'anatocisme ne s'applique pas aux comptes entre négociants et banquiers; les transactions commerciales s'exécutent ponctuellement. On sait, en effet, que les sommes portées en compte courant produisent des intérêts qui sont capitalisés par les banquiers aux époques périodiques où s'opère la balance du compte, soit par semestre, soit même par trimestre.

L'art. 1154 ne dispose que pour les intérêts d'un capital prêté ; tous autres revenus peuvent être capitalisés à l'échéance et produire à leur tour des intérêts, bien qu'ils ne soient pas dus pour une année entière ; c'est ce qui résulte de l'art. 1155 ainsi conçu :

« Néanmoins les revenus échus, tels que fermages,
» loyers, arrérages de rentes perpétuelles ou viagères,
» produisent intérêt du jour de la demande ou de la
» convention. — La même règle s'applique aux resti-
» tutions de fruits et aux intérêts payés par un tiers au
» créancier, en acquit du débiteur. »

La loi n'a pas à craindre les abus de l'usure de la part de celui qui loue à un prix convenu sa ferme ou sa maison ; on ne saurait d'ailleurs considérer les revenus qu'il en retire comme l'intérêt d'un capital prêté. L'art. 1154 ne pouvait évidemment leur être applicable et l'exception contenue dans l'art. 1155 nous paraît parfaitement inutile.

En ce qui concerne les rentes perpétuelles ou viagères, il faut remarquer que le premier capital étant prêté à perpétuité ou même aliéné irrévocablement, chaque terme forme en réalité une somme principale.

Une troisième exception est inscrite dans notre article pour le cas où quelqu'un est condamné à restituer une somme d'argent comme équivalent de fruits indûment perçus ; cette disposition est aussi inutile que la première, à moins cependant que le législateur n'ait eu en vue le cas d'intérêts perçus par le possesseur de mauvaise foi d'une créance.

Enfin, les intérêts payés par un tiers au créancier en acquit du débiteur, peuvent, aux termes de l'art. 1155, produire intérêt du jour de la demande ou de la convention, encore qu'ils soient dus pour moins d'une année. On peut dire que, dans ce cas, il n'y a pas à proprement parler d'anatocisme; la somme avancée par le tiers ne se subdivise pas en capital et intérêts. Toutefois la disposition finale de l'art. 1155, appliquée sans restriction, conduirait à une flagrante iniquité, et nous pensons qu'il faut distinguer entre le tiers qui, en faisant le paiement au nom du débiteur, a géré utilement l'affaire de ce dernier, et celui qui aurait payé alors que le créancier ne songeait nullement à poursuivre le débiteur. Dans le premier cas, le tiers pourra justement réclamer du débiteur le remboursement de ses avances et les intérêts de ses avances, tandis que, dans le second, il n'aura pas plus de droits que n'en aurait eu le créancier qu'il a désintéressé.

En droit français, comme en droit romain, on peut diviser les intérêts, suivant la source d'où ils proviennent, en intérêts conventionnels, intérêts moratoires et intérêts légaux. Un chapitre sera consacré à chacune de ces trois espèces d'intérêts.

CHAPITRE 1er.

DES INTÉRÊTS CONVENTIONNELS.

Toute dette, qu'elle provienne d'une donation, d'un testament, d'une vente, d'un prêt, etc., est susceptible de produire des intérêts en vertu de la convention des parties, qui doivent d'ailleurs s'expliquer nettement à cet égard; dans le doute, on appliquerait l'art. 1162 du Code civil.

L'art. 1907 exige que le taux de l'intérêt conventionnel soit fixé par écrit, quand même il s'agirait d'une valeur moindre que 150 francs : le Code ne distingue pas. Cette disposition n'enlève pas au créancier le droit de déférer le serment au débiteur ou de le faire interroger sur faits et articles ; elle signifie simplement qu'on ne sera pas admis à prouver par témoins une stipulation d'intérêts. La loi de 1807 a laissé subsister l'obligation de fixer par écrit le taux de l'intérêt conventionnel ; le taux fixé par cette loi est un *maximum* que les conventions des parties ne peuvent dépasser, mais non un taux de droit commun qui doit être censé stipulé par les parties qui ont omis d'en fixer un autre. Le débiteur est toujours présumé avoir voulu contracter sous les conditions les moins onéreuses, et on ne voit pas pourquoi, dans le cas qui nous occupe, on ferait échec à ce principe en profitant du silence des parties pour imposer au débiteur l'obligation la plus onéreuse qu'il lui soit permis de souscrire.

Le débiteur qui aurait payé des intérêts qui n'ont pas été *stipulés* ne peut ni les répéter, ni les imputer sur le capital ; telle est la disposition formelle de l'art. 1906, qui n'est en réalité qu'une traduction inexacte de la loi 3 au Code, *de usuris,* mais que certains commentateurs regardent comme un corollaire obligé de l'art. 1235 ; ils considèrent le débiteur qui a payé les intérêts non

5

stipulés, comme ayant acquitté une dette naturelle.
Cependant l'existence d'une dette n'entraîne pas avec
elle l'obligation naturelle de payer des intérêts qui n'ont
pas été stipulés : le prêt étant de sa nature un contrat de
bienfaisance, le droit romain aurait accordé la *condictio
indebiti* à l'emprunteur qui les aurait payés par erreur.
Des intérêts *qui n'ont pas été stipulés* sont aujourd'hui
des intérêts qui n'ont été promis d'aucune façon; les
rédacteurs du Code, prenant le mot *stipulés* dans le sens
français, ont cru que la constitution de Sévère et Antonin
voulait parler d'intérêts pour lesquels il n'existait
aucune convention. « Cette erreur singulière, dit
« M. Vernet, (1) les a amenés à refuser la répétition de
« l'indû au débiteur, qui aurait par erreur payé des
« intérêts qu'il ne devait pas, puisqu'il ne les avait pas
« promis. »

Quel est le taux des intérêts conventionnels ? L'art.
1907 du Code Napoléon a consacré la plus entière liberté
pour la stipulation des intérêts conventionnels; mais,
pour ne pas enchaîner l'avenir, il a admis qu'une disposition limitative pourrait être ultérieurement édictée par
une loi. Ces prévisions ont été réalisées par la loi du 3
septembre 1807 qui dispose que l'intérêt conventionnel
ne pourra excéder en matière civile cinq pour cent, ni
en matière de commerce six pour cent, *le tout sans*

---

(1) Textes choisis sur la théorie des obligations en droit
romain, p. 52.

retenue. (1) Mais comment distinguer entre les matières civiles et les matières commerciales ? Il est peu de questions qui aient donné lieu à plus de difficultés, et trois systèmes ont été formulés sur la portée de cette distinction. L'un, partant de ce principe que la loi de 1807 a surtout voulu protéger l'emprunteur, répute la matière civile lorsque l'emprunteur n'est pas commerçant. Un autre, au contraire, ne considère que le prêteur et répute la matière commerciale par cela seul que le prêteur sera commerçant. Enfin, un troisième système faisant abstraction de la qualité des personnes, ne considère que l'objet du prêt et sa destination, et laisse aux tribunaux le soin d'en déterminer le véritable caractère par l'ensemble des éléments propres à le faire reconnaître. Ce dernier système est celui qui a été admis par Zacharioe; on trouve des arrêts tant en sa faveur qu'en faveur des deux premiers.

La loi de 1807 s'applique-t-elle seulement au cas d'un capital en argent, ou s'étend-elle aussi à un capital composé de choses fongibles autres que de l'argent? Nous ne le pensons pas. Le titre seul de la loi de 1807 confirme notre opinion; il faut d'ailleurs ne pas perdre de vue qu'en droit romain et dans l'ancien droit français,

(1) Dans l'ancien droit, les débiteurs de rente étaient autorisés à retenir sur les arrérages l'impôt établi par les rois sur le revenu; au temps de Pothier, l'impôt était des trois vingtièmes du revenu, plus deux sols pour livre. Ces mots *sans retenue* signifiaient qu'aujourd'hui le débiteur ne peut plus rien retenir sur les intérêts qu'il est obligé de payer intégralement.

on n'a jamais mis sur la même ligne l'intérêt de l'argent et l'intérêt des denrées.

Le maximum fixé par la loi de 1807 s'applique certainement aux intérêts qui peuvent être dus en vertu d'un contrat de prêt; mais s'applique-t-il également à tous les autres contrats sans exception? Prenons pour exemple le contrat de transaction. Primus voulant terminer définitivement une contestation qui s'est élevée entre lui et Secundus, s'engage à lui payer 100,000 fr. dans deux ans, lesquels 100,000 fr. porteront intérêt à raison de 15 p. 0/0 pendant ces deux années; on demande si une pareille convention est valable. Si on s'en tient uniquement à l'art. 1er de la loi de 1807 : « l'intérêt « conventionnel ne pourra excéder en matière civile « 5 p. 0/0, » il faut dire que la loi a été violée; mais si on se reporte à l'art. 3 de la même loi : « lorsqu'il « sera prouvé que le *prêt conventionnel* etc... », on peut repondre que la loi a seulement pour objet le prêt à intérêt et qu'il s'agit d'une transaction. Quel but se propose la loi de 1807? Elle veut protéger l'homme qu'un besoin impérieux d'argent conduit à souscrire une obligation ruineuse; elle se préoccupe de celui qui est forcé d'emprunter; mais on n'est jamais réduit à transiger. L'ancienne jurisprudence elle-même, si rigoureuse en matière d'intérêts, se montrait très-large en matière de transactions : « la nature de ces actes « purifie et rend efficace une telle convention. » (1) Nous ne pensons donc pas que la loi de 1807 soit appli-

_____

(1) Lecamus d'Houlouve, *Traité des intérêts,* page 110.

cable à d'autres contrats que le prêt à intérêt, à moins bien entendu qu'on ne parvienne à établir qu'ils dissimulent un véritable prêt.

Dans la pratique romaine les intérêts étaient payables par mois ; en France, l'habitude est de convenir qu'ils seront payés chaque année. On pourrait aussi convenir qu'ils seront payables tous les six mois ou à des intervalles moindres ; mais, en l'absence de toute convention à cet égard, le créancier pourrait les exiger annuellement, sans être forcé d'attendre l'échéance du capital.

Pourrait-on convenir que les intérêts ne seront payables qu'avec le capital ? L'affirmative ne paraît pas douteuse ; une pareille stipulation n'est contraire ni à l'art. 2220, ni à l'art. 2277.

Les intérêts conventionnels sont dus à partir du jour du contrat ou de celui qui a été fixé par la convention. Les mêmes causes qui produisent l'extinction de l'obligation principale du capital, savoir : le paiement et tous les modes d'extinction qui en tiennent lieu, comme la novation, etc., éteignent en même temps l'obligation des intérêts.

L'art. 1908 déclare que la quittance du capital donnée sans réserve des intérêts en fait présumer le paiement et en opère la libération. En effet, les intérêts devant, aux termes de l'art. 1254, être acquittés avant le capital, on ne peut supposer que le créancier ait renoncé au bénéfice de cette règle en laissant intervertir l'ordre qu'elle a établi. Du reste, comme il ne s'agit ici ni d'un cas auquel la loi annule l'acte, ni d'un cas où elle dénie l'action en justice (1352), nous pensons que la présomtion légale établie par l'art. 1908 doit céder à l'évidence de la preuve contraire.

Les intérêts des sommes admises en distribution cessent du jour de la clôture du procès-verbal de distribution, s'il ne s'élève pas de contestation ; en cas de contestation, du jour de la signification du jugement qui aura statué ; en cas d'appel, quinzaine après la signification du jugement sur appel. 672. C. Pr. Lorsqu'un ordre a été ouvert, les intérêts et arrérages des créanciers utilement colloqués cessent à dater du jour de la clôture de l'ordre. Art 765 du Code de Procédure.

Aux termes de l'art. 445 du Code de Commerce, le jugement déclaratif de faillite arrête à l'égard de la masse seulement, le cours des intérêts de toute créance non garantie par un privilége, par un nantissement ou par une hypothèque. Toutefois le droit des créanciers qui ont eu la précaution de stipuler des garanties spéciales, ou auxquels la loi, à raison de la faveur attachée à la nature de leur créance, a attribué une préférence, est restreint dans son application : les intérêts des créances garanties ne pourront être réclamés que sur les sommes provenant des biens affectés au privilége, à l'hypothèque ou au nantissement. Du reste, le cours des intérêts n'est pas arrêté à l'égard du failli qui, s'il veut obtenir sa réhabilitation, devra les acquitter dans leur intégralité jusqu'au paiement du capital. Les autres obligés à la créance ne peuvent pas non plus réclamer le bénéfice de l'art. 445.

La loi a établi pour les intérêts une prescription spéciale; l'art. 2277 nous dit que « les intérêts des « sommes prêtées, et généralement tout ce qui est « payable par année ou à des termes périodiques plus « courts, se prescrivent par cinq ans. »

Quoique les fruits civils soient réputés s'acquérir jour par jour, la prescription ne part pas de *die ad diem,* mais seulement du jour de l'exigibilité, conformément au principe général inscrit dans l'art 2257.

Il n'y avait d'abord que les arrérages des rentes constituées et des prix de ferme qui fussent soumis à la prescription de 5 ans, d'après l'ordonnance de Louis XII, de l'an 1510. La loi du 20 août 1792 étendit la même prescription aux arrérages des cens et rentes foncières; notre article y assujettit tout ce qui est payable par année ou à des termes périodiques plus courts. Cette disposition empêche les débiteurs d'être accablés par des intérêts accumulés pendant de longues années ; elle prévient les contestations multipliées auxquelles pourrait donner lieu la question même des paiements. car les quittances ne sont pas gardées aussi soigneusement quand il s'agit d'intérêts, que lorsqu'il s'agit d'un capital.

L'art. 2151 du Code Napoléon s'occupe de la créance d'intérêts au point de vue de sa conservation par une inscription hypothécaire : « Le créancier inscrit pour « un capital produisant intérêts ou arrérages, a droit « d'être colloqué pour deux années seulement et pour « l'année courante, au même rang d'hypothèque que

« pour son capital; sans préjudice des inscriptions
« particulières à prendre, portant hypothèque à compter
« de leur date, pour des arrérages autres que ceux
« conservés par la même inscription. »

L'ancienne jurisprudence donnait à tous les intérêts
échus, le même rang et la même hypothèque qu'aux
capitaux dont ils formaient un accessoire. L'art. 19 de
la loi de brumaire an VII, consacra des règles plus
conformes au système de publicité, en empêchant une
agglomération d'intérêts qui souvent excédaient le capital
de la créance; elle permit au créancier inscrit pour un
capital produisant des intérêts, de venir pour *deux
années* d'arrérages, au même rang d'hypothèque que
pour son capital. Aux deux années dont il est question
dans la loi de brumaire, le Code ajoute *l'année courante;*
c'est-à-dire celle qui a commencé à courir depuis l'anni-
versaire de la prise d'inscription, jusqu'à la demande
en collocation, de sorte qu'aujourd'hui l'inscription pour
le capital emporte de plein droit la collocation pour
trois années d'intérêts; il suffit d'énoncer que le capital
en produit.

La loi ne dit pas sur quelles années la collocation
doit porter; elle se borne à en fixer le nombre, et c'est
la seule chose qu'il importe aux créanciers de connaître;
par conséquent celui qui n'exige pas à l'échéance de
chaque année le paiement des intérêts, ne court aucun
danger, tant qu'il ne lui est pas dû plus de trois années
d'intérêts. Lorsque le débiteur sera en retard de plus
de trois années, le créancier, s'il est prudent, aura soin

de prendre des inscriptions séparées pour la conservation des intérêts devenus successivement exigibles et le rang de chacune de ces petites créances sera déterminé par la date de l'inscription correspondante.

L'art. 2151 suppose l'existence d'un ordre. Si les débats s'élevaient entre le tiers détenteur et un créancier inscrit, cet article ne serait pas applicable ; le créancier aurait le droit d'exiger tous les intérêts échus, quand bien même ils excéderaient trois années.

Ce que nous venons de dire d'une créance d'intérêts, quant à la prescription et à la conservation par une inscription hypothécaire, s'applique à toute espèce d'intérêts ; peu importe qu'il s'agisse d'intérêts conventionnels, moratoires ou légaux ; nous n'y reviendrons donc pas.

CHAPITRE II.

DES INTÉRÊTS MORATOIRES.

Les intérêts moratoires admis par le droit romain et l'ancien droit français, sont également admis par le Code Napoléon ; l'art. 1153 est ainsi conçu :

> « Dans les obligations qui se bornent au paiement
> » d'une certaine somme, les dommages et intérêts
> » résultant du retard dans l'exécution ne consistent
> » jamais que dans la condamnation aux intérêts fixés
> » par la loi ; sauf les règles particulières au commerce
> » et au cautionnement. — Ces dommages et intérêts
> » sont dus sans que le créancier soit tenu de justifier

» d'aucune perte. — Ils ne sont dus que du jour de la
» demande, excepté dans les cas où la loi les fait
» courir de plein droit. »

Cet article consacre une triple exception aux règles
générale du droit en matière de dommages et intérêts,
lorsqu'il s'agit de toute autre obligation que celle d'une
somme d'argent :

1° L'art. 1149 pose en principe que « les dommages
» et intérêts dus au créancier sont de la perte qu'il a
» faite et du gain dont il a été privé. »

Au contraire, en cas de retard dans le paiement d'une
somme d'argent, la loi prend soin de déterminer, par
une espèce de forfait, la somme que le créancier pourra
exiger à titre de dommages et intérêts ; elle déclare que
les dommages et intérêts ne pourront jamais consiter que
dans l'intérêt légal, soit 5 p. 0/0 d'après la loi du 3
septembre 1807. Le créancier ne peut donc pas stipuler
qu'en cas de retard, le débiteur lui paiera des intérêts
plus élevés ; si une pareille stipulation était permise,
il serait trop facile d'éluder la loi.

Cette première disposition de notre article paraît bien
difficile à justifier. En vain dira-t-on que, si le paiement
eût eu lieu au jour fixe, le créancier n'aurait pu retirer
de son argent que l'intérêt légal ; ou bien encore que si
le retard du débiteur a mis le créancier dans la nécessité
d'emprunter, il a pu trouver un bailleur de fonds
auquel il abandonnera en paiement les intérêts qu'il
recevra de son débiteur, de sorte que, dans un cas
comme dans l'autre, il n'y aura pas de préjudice pour

le créancier. Ces considérations ne sont pas d'une rigoureuse exactitude. Dans les obligations qui ont pour objet une somme d'argent, le retard du débiteur peut avoir pour le créancier les conséquences les plus désastreuses ; il peut entraîner une expropriation ou une faillite qu'il ne sera pas possible d'éviter au moyen d'un emprunt, car un bailleur de fonds ne se trouve pas toujours à la disposition de celui qui est placé dans une situation critique et alors l'intérêt légal de la somme due ne sera pour le créancier qu'une compensation dérisoire.

On dit encore en faveur de l'art. 1153 que, dans les obligations autres que celle d'une somme d'argent, il est impossible de fixer à l'avance les dommages et intérêts, parce que ces obligations varient à l'infini ; mais il résulte de ce qui vient d'être dit, que le préjudice causé par le retard du débiteur d'une somme d'argent ne peut pas non plus être évalué *à priori* d'une manière précise.

La loi établit pour le commerce une exception au principe qui nous occupe ; on cite comme exemple le cas du rechange (art. 178 du Cod. de com.) ; mais la généralité des termes dont le législateur s'est servi, nous porte à penser qu'en principe, les dommages et intérêts résultant du non-paiement d'une somme d'argent, peuvent, en matière commerciale, excéder le taux légal.

L'art. 2028 du Code civil, conforme au § 6, Inst. *de fidejuss.* précise l'exception relative au cautionnement ; il donne à la caution un recours pour les dommages et intérêts, s'il y a lieu.

2° Si le créancier d'une somme d'argent ne peut jamais obtenir du débiteur d'autres dommages et intérêts que l'intérêt légal, quelque grand que soit le dommage à lui causé, il peut, par compensation, réclamer les intérêts au taux légal, sans avoir même à prouver qu'il a subi un préjudice quelconque. Dans les autres obligations, le créancier n'a droit à des dommages et intérêts en cas d'inexécution qu'autant qu'un préjudice lui a été causé, et c'est sur lui qu'incombe le fardeau de la preuve.

3° Enfin, le dernier alinéa de notre article, emprunté à l'art. 60 de l'ordonnance d'Orléans, fait exception aux dispositions de l'art. 1139 ; dans notre espèce, la mise en demeure a cela de particulier qu'elle doit résulter d'une demande judiciaire. Un exploit portant commandement de payer le capital ne suffirait pas.

Comme toute demande en justice doit, en général, être précédée d'une citation en conciliation, il s'en suivrait, si la règle tracée par le dernier alinéa de l'art. 1153 était la seule, que le créancier ne pourrait pas, en cas de retard, faire courir les intérêts contre le débiteur à partir du moment même où il peut exiger le paiement de la somme qui lui est due. Sous ce rapport, l'art. 57 du Code de procédure complète l'art. 1153 du Code civil, en déclarant que les intérêts moratoires courront même avant la demande, à dater de la citation en conciliation, pourvu toutefois que la demande soit formée dans le mois à compter du jour de la non-comparution ou de la non-conciliation (1).

(1) Boitard, *Leçons sur le Code de procédure civile*, T. 1, p. 116.

Lorsque la loi dit que les intérêts ne sont dus que du jour de la demande, elle entend parler de la demande des intérêts et non de la demande du capital seul; par conséquent, si les intérêts n'avaient pas été demandés dans la demande introductive d'instance, et si, plus tard, dans le cours du procès, des conclusions avaient été prises par le créancier à l'effet d'obtenir ces intérêts, le juge ne pourrait les accorder qu'à partir du jour où les conclusions spéciales auraient été prises

La demande d'intérêts formée contre l'un des débiteurs solidaires fait courir les intérêts à l'égard de tous; cette disposition de l'art. 1207 du Code civil n'est qu'une conséquence du principe que les débiteurs solidaires sont considérés comme mandataires l'un de l'autre; mais elle est en désaccord avec la règle formulée dans l'art. 1205.

Une demande, formée devant un juge incompétent, aura-t-elle pour effet de faire courir les intérêts? Non, car il est de principe que le jugement d'incompétence annule tous les actes qui l'ont précédé, et, par suite, la demande faite devant un tribunal incompétent doit être dépourvue de tout effet. Il est vrai que l'art. 2246 du Code Napoléon fait résulter l'interruption de la prescription d'une citation donnée même devant un juge incompétent; mais c'est là une disposition toute spéciale qui doit être restreinte à la matière pour laquelle elle a été faite : tout ce qui n'est pas compris dans l'exception doit rentrer dans la règle.

Le principe qu'une demande en justice est nécessaire pour faire courir les intérêts, admet de nombreuses exceptions. Quelquefois les intérêts courent en vertu d'une simple sommation, comme dans le cas prévu par le quatrième alinéa de l'art. 1652; dans le projet du Code, il était dit que l'intérêt courait, si l'acheteur avait été sommé *judiciairement* de payer, mais ce mot fut retranché à dessein pour faire entendre qu'une sommation extra-judiciaire suffît. Dans d'autres cas, les intérêts courent de plein droit et reçoivent le nom *d'intérêts légaux*; ils feront l'objet du chapitre suivant.

Une pétition a été récemment présentée au Sénat par quarante-quatre commerçants et chefs d'industrie de Paris, pour obtenir que le dernier paragraphe de l'art. 1153 soit modifié et que le prix du travail reçu ou de la marchandise livrée produise intérêt de plein droit au profit de celui qui a fait le travail et livré la marchan-chandise, sauf convention contraire (1). A en croire les pétitionnaires, cette modification aurait eu pour résultat de stimuler les débiteurs oublieux ou indolents, de rendre sérieux les engagements de l'acheteur et de permettre au marchand, assuré de son paiement, d'abaisser ses prix, calculés aujourd'hui sur les retards et les déceptions qu'il est obligé de prévoir. M. Ferdinand Barrot, rapporteur, a fait observer avec beaucoup de justesse que le moyen proposé n'atteindrait pas le but qu'on poursuit; que beaucoup de débiteurs achèteraient volontiers moyennant 5 p. 0/0 d'intérêts le droit de ne s'acquitter qu'au jour qu'il leur plaira, et que, par con-

_____

(1) *Moniteur du 3 juillet* 1866.

séquent, les intérêts accordés de plein droit au créancier, au lieu de rapprocher l'échéance, la rendraient au contraire plus indéterminée. Il serait en outre très-difficile de déterminer, dans la plupart des cas, le jour de la livraison de la marchandise ou de la réception du travail. L'ordre du jour a été prononcé sur cette pétition.

Faut-il restreindre l'application de l'art. 1153, aux obligations ayant pour objet des sommes d'argent? Ces mots : « dans les obligations qui se bornent au paiement d'*une certaine somme* », indiquent nettement qu'en écrivant l'art. 1153, les rédacteurs du Code n'ont entendu parler que des obligations qui portent sur une somme d'argent. Cependant l'art. 1904 étend cette règle non pas à toute obligation d'une chose fongible, mais seulement au cas où des choses fongibles autres que de l'argent, sont dues en *vertu d'un contrat de prêt*. M. Zachariœ soutient que cet article n'a en vue que le prêt de sommes d'argent et qu'il ne doit pas être étendu au cas où le prêt porte sur d'autres objets; il ne serait donc qu'une répétition pure et simple de l'art. 1153. Cette restriction n'est pas admissible en présence d'un texte aussi général dans ses termes que l'art. 1904, et nous pensons que l'emprunteur doit les intérêts des denrées qu'il a empruntées à partir de la demande en justice, mais que, si des choses fongibles autres que de l'argent, ne sont pas dues en vertu d'un contrat de prêt, c'est l'art 1149 et non l'art. 1153, qui doit être appliqué.

L'art. 1904 doit-il être appliqué à l'emprunteur de choses autres que de l'argent, en sorte qu'il ne puisse être condamné à des dommages et intérêts plus amples que l'intérêt légal, lors même que les choses prêtées et non rendues ont depuis l'époque fixée augmenté considérablement de valeur ? L'affirmative nous paraît certaine. En effet, supposons que la valeur des choses prêtées ait diminué ; le créancier pourrait cependant se prévaloir de notre article pour réclamer l'intérêt légal, c'est-à-dire plus qu'il n'obtiendrait en vertu de l'art. 1149 ; si au contraire la valeur des choses prêtées a augmenté, l'art. 1904 sera moins favorable au créancier que l'art. 1149. Mais il y a là une juste réciprocité qui est trop bien dans l'esprit général du Code, pour qu'il nous soit possible d'admettre que le prêteur de denrées puisse invoquer, suivant sa convenance, tantôt l'art. 1149, tantôt l'art. 1153. Nous croyons donc que le prêteur de denrées, comme le prêteur d'une somme d'argent, aura droit aux intérêts à partir de la demande, mais qu'il ne pourra pas obtenir davantage.

CHAPITRE III.

DES INTÉRÊTS LÉGAUX.

Nous avons maintenant à parler des intérêts que la loi fait courir de plein droit, indépendamment de toute convention ou de toute mise en demeure. On en trouve de nombreux exemples, notamment dans les art. 455, 456, 474, 1440, etc. du Code Napoléon ; on peut encore citer l'art. 55 de la loi du 3 mai 1841 sur l'expropriation pour cause d'utilité publique et l'art. 1er de la loi du 27 septembre 1850 relative au délit d'usure. Le cadre de ce travail est trop restreint, et les dispositions de la loi sur cette matière sont trop nombreuses, pour que nous puissions nous étendre sur chacune d'elles ; nous nous contenterons d'examiner celles qui, par cela même qu'elles se rapportent aux contrats les plus usuels (dot, vente, société, dépôt et mandat), présentent le plus d'intérêt pratique.

SECTION I.

Des intérêts de la dot.

I. Les art. 1440 et 1548 font courir de plein droit les intérêts de la dot, du jour du mariage, contre ceux qui l'ont promise, « encore qu'il y ait terme pour le paie-« ment, s'il n'y a stipulation contraire. »

La dot étant apportée au mari, *ad onera matrimonii sustinenda*, on conçoit très-bien que, lorsqu'elle a été promise purement et simplement, la loi, pour éviter au mari qui pourrait l'exiger immédiatement, le désagrément de recourir à des voies judiciaires contre des parents ou des bienfaiteurs, fasse courir les intérêts de plein droit. Mais, lorsqu'il a été pris terme pour le paiement, cette disposition est moins facile à justifier ; le mari était parfaitement libre d'accepter ou de ne pas accepter le terme fixé pour le paiement de la dot, et, du moment qu'il l'a admis, il est juste qu'il en subisse les conséquences.

A propos de la « stipulation contraire » dont parle le Code, on peut se demander si cette stipulation doit

6

être expresse et si une stipulation tacite ne serait pas suffisante. Nous pensons qu'une stipulation tacite doit suffire, et il n'est pas difficile d'imaginer des espèces dans lesquelles la nécessité d'une stipulation expresse conduirait à des résultats contraires à l'équité.

Si le créancier d'une somme qui ne produit pas d'intérêts, la donne en dot, il va sans dire que cette constitution ne saurait changer la condition du débiteur. Mais le constituant devra-t il les intérêts de cette créance? Dans l'ancien droit, cette question était résolue par l'affirmative (1); sous l'empire du Code, et malgré l'opinion de Toullier, qui soutient que le constituant ne pourrait en être dispensé que par une stipulation contraire, nous pensons que les époux ne seraient pas fondés à exiger l'intérêt de cette créance qui sera entre leurs mains ce qu'elle était entre les mains du donateur. Du reste, si les intérêts de cette créance sont absolument indispensables au mari pour soutenir les charges du ménage, il ne tient qu'à lui de la vendre et de placer à intérêt le prix de cette vente. Nous supposons, bien entendu, que la créance improductive a été l'objet direct de la constitution de dot; si elle n'avait été donnée qu'au lieu et place d'une valeur équivalente, primitivement promise, les intérêts seraient dus, conformément aux articles 1440 et 1648.

Plusieurs auteurs ont agité la question qui résulte de l'espèce suivante : un terme a été pris pour le paiement de la dot; mais, dans l'intervalle du mariage au paiement

(1) Lecamus d'Houlouve, *Des intérêts*, p. 21.

de cette dot, le constituant subvient à toutes les charges
auxquelles la dot doit pourvoir ; on demande si les
époux pourront néanmoins exiger les intérêts de la dot
pendant le même temps. Nous pensons que cette circonstance ne porte aucune atteinte au droit des époux
et ne les empêche pas d'exiger les intérêts de la dot,
sur lesquels ils devront toutefois imputer la valeur de ce
qui leur aura été fourni par le constituant, car nul ne
doit être présumé avoir voulu faire une donation.

Peut-on valablement convenir que les intérêts de la
dot seront payés au-dessus du taux légal ? Oui : on les
considère comme une condition du mariage, de même
que dans la rente viagère, les intérêts stipulés au-dessus
du taux légal doivent être considérés comme conditions
de la rente.

II. La loi, dans les art. 1473 et 1479, prévoit successivement le cas des récompenses dues par les époux à
la communauté, ou par la communauté aux époux, et le
cas de créances personnelles que les époux ont à exercer
l'un contre l'autre.

Le premier de ces deux articles est ainsi conçu :
« Les remplois et récompenses dus par la communauté
« aux époux, et les récompenses et indemnités par eux
« dues à la communauté, emportent les intérêts de plein
« droit du jour de la dissolution de la communauté. »
Les biens à rapporter font partie de la masse, et ceux
qui doivent être prélevés cessent d'en faire partie à
dater du jour de la dissolution de la communauté ; il est
donc juste que les intérêts augmentent ou diminuent

cette masse, selon que les biens qui les produisent en font ou n'en font pas partie. De part et d'autre, les intérêts courent de plein droit, parceque la communauté n'ayant plus de chef, aucune action ne peut être dirigée ni par elle, ni contre elle, ce qui rend toute mise en demeure impossible.

L'art. 1473, placé dans la section qui traite du partage de la communauté après *l'acceptation*, n'est pas reproduit dans celle qui traite de la renonciation; en faut-il conclure que la femme renonçante ne saurait s'en prévaloir? L'économie du Code Civil n'est pas d'une exactitude assez rigoureuse, pour que la place assignée à un article, puisse entraîner la solution de cette question; mais il faut considérer que, par suite de la renonciation de la femme, renonciation qui, quant à ses effets, remonte au jour de la dissolution de la communauté (art. 785, 1457, 1470), les biens communs sont devenus la propriété du mari, qui s'est ainsi trouvé être le débiteur personnel de la femme; ce n'est donc plus l'art. 1473, mais l'art. 1470 qui doit recevoir son application.

Ce dernier article décide que « les créances person- « nelles que les époux ont à exercer l'un contre l'autre » rentrent dans la règle commune, » et ne portent intérêt « que du jour de la demande en justice. » Il n'y a pas contradiction entre cet article et l'art. 1473, puisqu'ils s'appliquent à des cas différents. Dans le cas qui nous occupe, il s'agit de créances de particulier à particulier; dès lors il n'y a pas de raison pour s'écarter de la règle générale tracée par l'art. 1153. Il est d'ailleurs évident que, si la créance d'un des époux contre l'autre était de nature à produire des intérêts de plein droit, la généralité des termes de l'art. 1479 ne saurait être opposée à l'époux créancier.

III. La dissolution du mariage et la séparation, soit de corps, soit de biens, donnent lieu à la restitution de la dot.

1° Supposons le mariage dissous par la mort de la femme; dans ce cas, l'art. 1570 fait courir de plein droit l'intérêt et les fruits de la dot au profit de ses héritiers depuis le jour de la dissolution. Cette règle s'applique aussi bien à l'hypothèse de l'art. 1564 qu'à celle de l'art 1565, qui prévoit le cas où la dot consiste en argent ou en meubles mis à prix par le contrat, sans déclaration que l'estimation ne vaut pas vente. Mais, comme le dernier alinéa de l'art. 1565 accorde un délai d'un an pour restituer la dot, on peut demander si les intérêts de la dot devraient courir au profit des héritiers de la femme pendant ce délai. Comme on doit supposer que le mari a opéré le placement de la dot, si elle consiste en argent, ou fait emploi du prix des objets mobiliers mis à prix par le contrat, la loi ne pouvait lui refuser un délai pour se procurer des fonds; mais ce délai ne doit porter aucun préjudice aux héritiers de la femme, car aussitôt que le mariage est dissous, le mari n'ayant plus à supporter les charges du ménage, retiendrait sans cause les intérêts de la dot. Le rapprochement des articles 1570 et 1548 ne laisse aucune incertitude à cet égard. On suppose ici qu'il ne reste pas d'enfants du mariage; car, s'il y en avait, il faudrait recourir au titre *de la puissance paternelle*.

2° Si le mariage est dissous par le prédécès du mari, la femme survivante peut, à son choix, « exiger les « intérêts de sa dot pendant l'an de deuil, ou se faire « fournir des aliments durant ce temps aux dépens de « la succession du mari; » Art. 1570, 2°.

Le premier paragraphe de l'art. 1570 parle *d'intérêts et de fruits*, tandis que le second parle *d'intérêts* seulement; il n'en faut pas conclure que la femme puisse diviser la restitution de sa dot et dire aux héritiers du mari : « Vous allez me restituer de suite les objets « mentionnés dans l'art. 1564 et vous garderez pendant « un an ceux auxquels s'applique l'art. 1565, pour me « fournir pendant cette même année les aliments, comme « le prescrit l'art, 1570. » Une semblable interprétation serait contraire à l'équité et constituerait pour la femme dont la dot serait composée presqu'exclusivement d'immeubles, une faveur exorbitante. Nous pensons que la femme qui opte pour sa nourriture pendant l'année de deuil est forcée de renoncer aux fruits de ses immeubles dotaux, si la dot comprend à la fois et des sommes et immeubles; le mot *intérêts* est employé ici dans le sens de *revenus*, et la deuxième partie de l'article doit être combinée avec la première.

3° Supposons maintenant que ce soit la séparation de corps ou la séparation de biens qui donne lieu à la restitution de la dot; de quel jour doivent courir au profit de la femme les intérêts et les fruits ? Du jour du jugement définitif, car le mari a supporté jusqu'alors les charges du ménage. On ne saurait argumenter de l'art.

1445, suivant lequel le jugement qui prononce la séparation de biens, remonte, quant à ses effets, au jour de
la demande, pour soutenir que les intérêts de la dot
doivent courir de plein droit au profit de la femme à
partir de cette même demande. En effet, on s'accorde
généralement sur ce point que si le mari, avant la
séparation judiciaire, s'avisait de rendre à la femme sa
dot, celle-ci pourrait se la faire restituer une seconde
fois. Cela étant, ne serait-il pas contradictoire de faire
courir de plein droit des intérêts contre un débiteur
pour une période de temps pendant laquelle il ne lui
serait pas permis de se libérer.

SECTION II.

Des intérêts d'un prix de vente.

L'art. 1652 énumère trois cas dans lesquels l'acheteur
doit les intérêts d'un prix de vente ; un seul doit nous
occuper ici parcequ'il rentre dans la classe des intérêts
légaux ; nous avons déjà parlé des deux autres.

Le troisième alinéa de cet article dit que l'acheteur
doit l'intérêt du prix de la vente « si la chose *vendue et
livrée* produit des fruits ou *autres revenus* (1). »

---

(1) La rédaction de ce texte n'est pas satisfaisante ; il ne fallait
pas dire : la chose *vendue et livrée*, mais seulement la chose *vendue*,
puisque, d'après la dernière disposition de l'art. 1614, l'acquéreur
a droit aux fruits à partir de la vente. — Une remarque analogue
s'applique à ces mots : ou *autres revenus* ; le mot *fruits* est une
expression générique qui comprend toute espèce de revenus.

Cette disposition est très-équitable; l'acquéreur ne peut avoir à la fois la jouissance de la chose qu'il a achetée et de l'argent qu'il doit à son vendeur. Si l'entrée en jouissance, qui date en général du jour du contrat, avait été retardée par une clause particulière du contrat, les intérêts ne seraient pas dus. Notre texte exige que la chose vendue produise des fruits. Est-il nécessaire qu'elle en produise actuellement ? Non, s'il s'agit d'immeubles; ils sont toujours réputés frugifères. Mais, à l'égard des meubles, pour que les intérêts soient dus, il faut qu'ils produisent réellement des fruits; si donc la vente était d'une table, d'une bibliothèque, ou autres choses qui ne produisent pas de fruits, les intérêts ne seraient dus que s'il en avait été ainsi convenu lors de la vente, ou encore à partir du jour de la sommation. Si on se place au point de vue purement spéculatif, ces distinctions ne sont pas à l'abri de toute critique; cependant, elles sont généralement admises et peuvent à la rigueur se justifier par des considérations analogues à celles qui ont fait rejeter par le Sénat la pétition dont nous avons parlé ci-dessus, à propos de l'art. 1153.

Dans le cas où il y a terme pour le paiement (ce cas n'est pas celui de l'art. 1652, puisqu'il suppose que l'acheteur peut être sommé de payer), l'intérêt court-il pendant le terme ? Si le terme a été accordé au moment de la vente, on doit présumer que le vendeur a fixé son prix à un taux plus élevé, afin de s'indemniser de la jouissance gratuite laissée à l'acquéreur, et par conséquent, les intérêts ne sont pas dus pendant le terme. M. Troplong n'admet pas cette opinion, en se fondant principalement sur la généralité des termes de l'art. 1652; mais nous venons de faire remarquer que cet article ne suppose pas qu'un terme ait été accordé pour le paiement. Si l'acheteur ne paie pas à l'expiration du terme qui lui a été consenti, les intérêts devront alors courir de plein droit à partir de cette époque.

Nous avons supposé que le terme avait été convenu au moment même de la vente; s'il avait été accordé depuis, les intérêts seraient dus, car alors on ne pourrait pas dire que le vendeur a fixé son prix en conséquence.

L'art. 1653 donne à l'acheteur qui est troublé ou a sujet de craindre d'être troublé par une action hypothécaire ou en revendication le droit de suspendre le paiement du prix, jusqu'à ce que le vendeur ait fait cesser le trouble; cette disposition ne dispense pas l'acquéreur de payer les intérêts, toujours par la raison qu'il ne peut avoir en même temps la jouissance de la chose vendue et du prix de cette chose.

Section III.

Des intérêts en matière de société.

L'équité est l'âme du contrat de société qui établit entre les parties des rapports en quelque sorte fraternels : *cum societas jus quodammodo fraternitatis in se habeat.* L. 63, pr. D. *Pro socio.* Ce contrat ayant essentiellement pour but l'intérêt commun des associés, il serait injuste d'admettre l'un deux au partage des bénéfices produits par la mise des autres, s'il n'effectuait pas la sienne. Ces considérations ont fait inscrire dans l'art. 1846 une double dérogation à l'art. 1153.

1° Les intérêts courent de plein droit contre l'associé qui devait apporter une somme dans la société, et qui ne l'a point fait, à dater du jour où cette somme devait être payée. Aussitôt que la société est formée, chaque associé jouissant des sommes fournies par ses co-associés, doit les faire jouir également de sa mise, et, par conséquent, leur tenir compte des intérêts de cette mise, lorsqu'il a tardé à la remettre à la société. Il en est de même à l'égard de l'associé qui a pris des sommes dans la caisse sociale, à dater du jour où il les en a tirées pour son profit particulier ; cette disposition se justifie par les mêmes raisons que la précédente.

2° Contrairement à la première partie de l'art. 1153, la prestation des intérêts ne dispense pas l'associé retardataire ou l'associé qui, pour son profit particulier, a pris des sommes dans la caisse sociale, de plus amples dommages et intérêts, s'il y a lieu ; c'est-à-dire, si le retard qu'il a mis à réaliser sa mise, ou l'absence des sommes qu'il a détournées de la caisse sociale, ont empêché la société de faire une opération importante ou lui ont attiré des frais de la part des créanciers.

Le second paragraphe de l'art. 1846 ne s'applique pas à l'associé administrateur qui, jusqu'à preuve contraire, est présumé avoir employé au profit de la société les sommes prises par lui dans la caisse sociale ; l'associé administrateur est un véritable mandataire, et on doit lui appliquer l'art. 1996. Pour le rendre responsable et le faire condamner au paiement des intérêts, ses co-associés devront prouver qu'il a employé les fonds sociaux pour son utilité seule, et les intérêts ne courront qu'à dater de cet emploi.

Aux termes de l'art. 1852, un associé doit être indemnisé des sommes qu'il a déboursées de bonne foi pour la société : mais les intérêts de ces sommes lui sont-ils dus de plein droit à compter du jour où elles ont été avancées ? Nous pensons que la règle de l'art. 1153 doit encore souffrir ici une exception. En effet, la loi qui fait courir de plein droit contre l'associé les intérêts des sommes qu'il a négligé de verser au terme convenu dans la caisse sociale, doit, par une juste réciprocité, lui tenir compte des intérêts de ses avances. On peut d'ailleurs considérer l'associé qui a fait des avances, comme ayant reçu mandat tacite de ses co-associés d'agir dans l'intérêt de la société et lui accorder le bénéfice de l'art. 2001.

Lorsqu'une société nécessite des mises de fonds considérables et des travaux de plusieurs années, comme lorsqu'il s'agit de chemins de fer, il arrive souvent que le pacte social contient une clause en vertu de laquelle, tant que l'exploitation n'aura pas produit de bénéfices, une certaine somme sera prélevée chaque année sur le capital, pour payer aux commanditaires des intérêts à partir de leurs versements. Une pareille clause est-elle valable ? En examinant la question au point de vue exclusif du droit écrit, on doit reconnaître :

1° Que cette clause est contraire à l'art. 1845 du Code Civil, suivant lequel chaque associé *est tenu de tout l'apport par lui promis* ;

2° Que les associés qui auront perçu de semblables intérêts, devront, aux termes de l'article 1846, payer à la société l'intérêt des sommes qui leur auront été payées en exécution de la clause dont il s'agit ;

3° Enfin, que l'art. 26 du Code de Commerce déclare les bailleurs de fonds responsables jusqu'à concurrence de leur mise.

Telle est en effet la doctrine du Conseil d'Etat ; mais, pour attirer les capitalistes, en ce temps surtout où chacun vit au jour le jour et se montre pressé de réaliser, et ne pas éloigner les rentiers qui ne peuvent renoncer pendant cinq ou six ans et quelquefois plus à des annuités dont ils ont besoin pour vivre, le Gouvernement a cru devoir passer outre et n'a fait aucune difficulté d'autoriser de pareilles stipulations.

Il faut d'ailleurs remarquer que l'intérêt de la société n'est nullement compromis par la clause dont il est question, puisque, dès le principe, il a été bien et dûment convenu que la mise de chaque associé serait réduite dans la proportion fixée par le pacte social. Quant aux tiers, ils peuvent, en se faisant représenter l'acte de société, se rendre compte de la réduction que doit subir chaque année le capital social.

L'art. 1846 souffre encore une exception dans le cas d'une société universelle de tous biens et de gains ; les sommes qu'un associé prendra dans la caisse sociale, pour ses dépenses personnelles et celles de sa famille, s'imputeront sur la part qui reviendra à cet associé à l'époque de la liquidation; mais elle ne produiront pas d'intérêts, pourvu toutefois que les dépenses de l'associé et celles de sa famille n'aient rien d'exagéré. — Si l'acte de société autorise les associés à prélever chaque année et avant tout compte, une somme fixée pour leurs dépenses personnelles, cette somme ne sera pas non plus productive d'intérêts.

SECTION IV.

Des intérêts en matière de dépôt.

L'art. 1936 est ainsi conçu : « Si la chose déposée a « produit des fruits qui aient été perçus par le déposi « taire, il est obligé de les restituer. Il ne doit aucun « intérêt de l'argent déposé, si ce n'est du jour où il a « été mis en demeure de faire la restitution. »

Lorsque le dépôt a pour objet une somme d'argent, le déposant ne peut exiger l'intérêt de cette somme, car, en imposant au dépositaire l'obligation de rendre identiquement les mêmes espèces (art. 1932), la loi lui refuse implicitement la faculté d'en faire le placement, et la dernière partie de notre article suppose qu'en effet le dépositaire ne s'est pas servi du dépôt. Mais si le dépositaire s'est servi pour ses affaires personnelles des sommes déposées, et si le déposant peut établir ce fait, le premier devra-t-il au second l'intérêt de ces mêmes sommes à dater du jour de l'emploi ? Deux cas peuvent se présenter : on peut supposer que le dépositaire s'est servi de l'argent du déposant sans y être autorisé par ce dernier ou bien qu'il était autorisé. Dans la première hypothèse, ce n'est plus la seconde, mais la première partie de l'art. 1936 qu'il convient d'appliquer. Pourquoi le dépositaire ne paierait-il pas l'intérêt lorsqu'il s'est servi de l'argent, alors que la loi lui impose l'obligation de restituer tous les fruits produits par la chose déposée ? Le mot *fruits* est générique et comprend toute espèce de revenus ; les intérêts sont les fruits de l'argent mis en circulation. Les art. 406 et 408 du Code Pénal, combinés avec l'art. 1153 du Code Civil, confirment pleinement cette manière de voir. Si au contraire le dépositaire a été autorisé à se servir des sommes déposées, nous ne sommes plus en présence d'un dépôt, mais d'un véritable *mutuum ;* dans cette hypothèse, les intérêts ne sont dus qu'autant qu'ils ont été stipulés.

Pour effectuer la mise en demeure dont parle l'art. 1936, une demande en justice n'est pas nécessaire, et une simple sommation suffit, quoiqu'il s'agisse de la restitution d'une somme d'argent ; la raison en est que, dans le cas de dépôt, l'obligation doit être considérée moins comme une obligation ordinaire que comme une obligation de corps certain. Cette proposition ne souffre aucune difficulté, lorsque le dépositaire n'a pas été autorisé à se servir du numéraire qui lui a été confié ; mais, si le dépositaire a reçu une pareille autorisation, nous avons vu que le dépôt se transforme ainsi en *mutuum*, d'où il résulte que l'art. 1936 cesse d'être applicable, et qu'il faut recourir à l'art. 1904. Pour soutenir que, dans l'hypothèse qui nous occupe, une

simple sommation suffit pour faire produire des intérêts
à la somme déposée, on argumente de la généralité des
termes de l'art. 1936 et de l'art. 1944 qui impose au
dépositaire l'obligation de restituer le dépôt aussitôt
qu'il en est requis. Il est facile de répondre que quelle
que soit la généralité des termes de l'art. 1936, son
application doit être nécessairement restreinte au contrat
de dépôt, et que l'emprunteur peut très-bien se trouver
aussi dans la situation que l'art. 1944 fait au dépositaire,
ce qui n'empêche pas qu'aux termes de l'art. 1904, il
ne doit l'intérêt des sommes prêtées que du jour de la
demande en justice.

SECTION V.

Des intérêts dans le contrat de mandat.

En matière de mandat, les intérêts légaux peuvent
être dus, soit par le mandataire, soit par le mandant.

L'art 1996, conforme à la loi romaine (L. 10, § 3, D.
Mandati vel contra.), déclare que « le mandataire doit
« l'intérêt des sommes qu'il a employées à son usage,
« à dater de cet emploi, et de celles dont il est reliqua-
« taire, à compter du jour qu'il est mis en demeure. »

Le paiement de l'intérêt légal à dater de l'emploi,
n'est pas la seule peine qu'encourt le mandataire qui
emploie à son usage les deniers du mandant; de plus
amples dommages-intérêts peuvent, s'il y a lieu, être
prononcés contre lui, car l'obligation du mandataire ne
se borne pas à une somme d'argent, elle est de faire

quelque chose, et l'art. 1149 devient applicable. Dans certains cas, le mandataire devrait au mandant l'intérêt des capitaux qu'il aurait laissés oisifs ; par exemple, si avec ces capitaux il eût pu acquitter une dette productive d'intérêts, car alors il y aurait faute de sa part. Il devrait même de plus amples dommages et intérêts si, à cause du défaut de paiement de cette dette, les créanciers avaient exercé des poursuites contre le mandant.

La mise en demeure dont parle l'art. 1996, ne peut-elle résulter que d'une demande en justice ? La question est controversée. Pour l'affirmative, on dit que notre article exige simplement une mise en demeure qui, aux termes de l'art. 1139, résulte d'une sommation ou autre acte équivalent; on ajoute que le mandataire qui ne paie pas le reliquat de son compte après avoir été sommé de le faire, doit être présumé avoir employé à son usage personnel les deniers du mandant. Pour la négative, on dit que l'obligation de payer le reliquat est bien une obligation d'une certaine somme et que, dans ce cas, les intérêts ne peuvent être dus que du jour de la demande, puisque la loi ne les fait pas courir de plein droit. Quoique cette dernière opinion ne compte que rares partisans, nous pensons qu'il serait plus prudent de former une demande en justice que de s'en tenir à une simple sommation.

Indépendamment des peines pécuniaires inscrites dans l'art. 1996, le mandataire infidèle salarié ou non salarié, serait encore passible des peines portées par l'art. 406 du Code pénal.

Nous venons de voir les obligations du mandataire à l'égard des sommes qu'il a employées à son propre usage ; la loi, par une juste réciprocité, oblige le mandant à payer au mandataire l'intérêt de ses avances à dater du jour où elles ont été faites (art. 2001). La même règle est écrite dans la loi 12, § 9, D., *Mandati*. On doit comprendre sous le nom d'*avances*, toute espèce d'indemnité à laquelle le mandataire peut prétendre. Le mandataire jouant le rôle de demandeur, devra établir l'époque des avances : s'il s'agit de sommes au-dessus de 150 fr., les déboursés devront être constatés par écrit ; au-dessous de cette somme, le mandataire pourra faire entendre des témoins.

La question de savoir si l'art. 2001 doit être étendu, et si les intérêts sont dus de plein droit au gérant d'affaires, à la caution, à l'officier ministériel qui a fait des avances à raison des actes de son ministère, est vivement controversée ; la Cour de cassation s'est prononcée pour la non-extension. En ce qui concerne l'exécuteur testamentaire, tout le monde s'accorde à reconnaître que l'art. 2001 doit lui être appliqué.

7

APPENDICE

———————

La question de l'abrogation de la loi du 3 septembre 1807 et de l'établissement de la liberté du crédit a été très-sérieusement agitée dans ces derniers temps, et ne cesse pas de préoccuper tous ceux qui s'intéressent aux problèmes de législation et d'économie politique. Nous allons l'examiner rapidement au point de vue de la morale, du droit et de l'économie politique.

I. Il est des cas de nécessité extrême où l'homme est tenu d'assister autrui de sa bourse, de fournir œuvre et travail sans rémunération ; on comprend qu'alors tout intérêt, quelque minime qu'il soit, est proscrit par la morale la plus vulgaire. Il n'en est pas de même lorsqu'au lieu d'un secours, il s'agit d'une entreprise, lorsque celui qui emprunte se propose de tirer un bénéfice du capital prêté ; si dans cette hypothèse on ne permet pas aux parties de fixer comme elles l'entendent le taux de l'intérêt, il faut, pour ne pas se contredire, leur refuser la même liberté à l'égard de tout profit quelconque, qui s'obtient non-seulement du capital, mais aussi de la terre et des autres agents naturels

appropriés. Les choses ne se passent pourtant pas ainsi;
un homme peut, sans que personne s'avise d'y trouver
à redire, tirer de son immeuble un revenu qui représente 15 ou 20 p. 0/0 mais s'il prête son argent à 7
ou 8 p. 0/0, il encourt le mépris et on épuise sur lui
tout le vocabulaire des malédictions. Lorsque d'aussi
étranges contradictions ne révoltent pas la conscience
du peuple, elles n'ont d'autre effet que d'obscurcir dans
l'esprit des masses les véritables notions du juste et de
l'injuste, et de les amener à prendre au sérieux cette
malencontreuse définition échappée un jour à un illustre
magistrat : « l'honnête homme est celui qui fait ce que
la loi permet et s'abstient de ce qu'elle défend. »

Les défenseurs de nos lois sur l'usure font sonner
bien haut la nécessité de protéger à tout prix l'homme
tombé dans la détresse contre les exigence d'un prêteur
insatiable; mais ils paraissent perdre complètement de
vue la situation ainsi faite à ce dernier qui est traité si
durement, sans qu'il lui soit tenu compte de ses inten-
tions. On ne peut se dissimuler que la loi, en ouvrant
une large porte à la déloyauté de l'emprunteur, lui
sacrifie le prêteur, et que, pour empêcher ce dernier
d'être oppresseur, elle en fait un opprimé, de sorte qu'en
définitive l'honnêteté publique n'y gagne rien. Est-ce
qu'il y aurait quelque chose de bien moral, dit à ce
ce propos M. Wolowski, à ce qu'un homme, poussé
par une nécessité pressante ou par un intérêt puissant,
ayant devant lui une entreprise dans laquelle il espère
recueillir de grands résultats, se présentât chez un
capitaliste, obtint de celui-ci la faveur d'un prêt, à un

intérêt qui dépasserait le taux légal, en raison des dangers réels de la situation qui apparaîtraient au prêteur et qui seraient reconnus par l'emprunteur lui-même, et vint ensuite, après avoir profité du prêt, actionner en le dénonçant devant les tribunaux, celui qui lui aurait tendu la main, celui qui, cédant à ses sollicitations, lui aurait rendu service.

Il est arrivé que, dans certaines circonstances où l'application rigoureuse et mathématique de la loi aurait consacré une monstrueuse iniquité, les tribunaux, s'ils ne se sont pas abstenus de condamner, ont au moins adouci les rigueurs de la loi ; comme tout le monde ne peut pas, en pareille matière, apprécier les motifs de leur indulgence, on s'imagine aisément que la loi qui ne pardonne pas aux faibles, est lettre morte pour les forts, et peu à peu les esprits s'habituent au mépris d'une loi qui n'est pas appliquée.

Enfin, chacun sait que les lois restrictives n'ont d'autre résultat que de forcer les hommes à employer des détours qui nuisent au caractère de franchise qu'on doit désirer dans les relations sociales et font prendre l'habitude d'éluder la loi.

II. L'Etat ayant pour mission de garantir chacun de ses membres contre toute espèce de trouble, contre toute agression injuste, d'assurer la liberté de chacun et non de la violer, son intervention dans la matière qui nous occupe, est difficile à justifier. On en donne toujours pour raison la nécessité d'empêcher les citoyens dominés par un pressant besoin de contracter des em-

prunts ruineux. Quand bien même la loi pourrait
atteindre ce but, on pourrait encore se demander
comment il se fait qu'on se donne tant de peine à écarter
des citoyens un moyen de ruine lorsqu'il en reste tant
d'autres à leur disposition. De deux choses l'une :
l'emprunteur est ou n'est pas sain d'esprit. Dans le
premier cas, les dispositions du Code civil relatives à
l'*interdiction* au *conseil judiciaire*, le protégent d'une
manière plus efficace que ne sauraient le faire toutes
les lois qui lui défendent d'emprunter au dessus d'un
taux déterminé. Qu'importe, en effet, qu'il emprunte
au taux le plus minime, s'il fait un mauvais emploi de
l'argent qu'il s'est ainsi procuré? Si, au contraire,
l'emprunteur est dans la plénitude de ses facultés, on
doit lui laisser la responsabilité de sa propre existence ;
il est incontestable qu'il connaît mieux que personne ce
qui convient à ses intérêts. S'il emprunte à 50 ou même
à 100 p. 0/0, pour se soustraire à la ruine ou au
déshonneur, qu'il s'estime fort heureux d'éviter à ce
prix, la loi ne saurait lui enlever cette dernière planche
de salut.

La loi du 3 septembre 1807 et celle du 19 décembre
1850 qui est venue confirmer la première, en aggravant
même quelques unes de ses pénalités, portent atteinte
au droit de propriété, et sont d'ailleurs en contradiction
flagrante avec ce principe général, inscrit dans l'art. 1134
du Code civil, qui dit : les conventions tiennent lieu de
loi entre les parties contractantes. Une dérogation aussi
radicale à un principe qui domine toute la théorie des
obligations conventionnelles, ne peut s'expliquer que

par un excès de respect pour les vieilles traditions, par
le souvenir des prohibitions rigoureuses de la loi ecclésiastique qui, comme nous l'avons vu, a exercé une
si grande influence sur notre a~, un droit. Il est permis
de penser que, sans de semblables précédents, l'idée de
faire exception, en ce qui concerne le contrat de prêt,
à la liberté admise dans les autres transactions civiles,
et de maintenir dans une tutelle permanente, lorsqu'il
s'agit d'emprunter, l'homme que la loi émancipe à 25
ans relativement à l'acte le plus considérable de la vie,
le mariage, ne serait même pas venue à l'idée des législateurs modernes.

Quand la loi a admis la légitimité du prêt à intérêt,
elle a commis une erreur en laissant un contrat à titre
onéreux, à côté du *mutuum*, du prêt de bienfaisance
dont la gratuité forme le caractère essentiel ; il eût
mieux valu placer les dispositions nouvelles sous le
titre du *louage*. Nous tenons pour certain que cette
anomalie dans la classification adoptée par le Code, qui,
au premier abord, peut paraître d'une importance
secondaire, n'a pas peu contribué à entretenir d'anciens
préjugés. Quelle différence y a-t-il donc entre le louage
et le prêt à intérêt? Toute la différence, c'est que l'objet
du louage est un corps certain et que la chose elle-même
doit être restituée, tandis que, dans le prêt à intérêt,
l'emprunteur ne rend pas les mêmes écus qui lui ont été
comptés par le prêteur : il lui en rend d'autres, du même
poids et du même titre. Cette différence porte sur des
circonstances extérieures et insignifiantes ; elle existe
entre le prêt de corps certains ou *commodat* et le prêt de

quantités ou *mutuum ;* ce qui n'empêche pas de donner
le nom de *prêt* à l'un ou à l'autre de ces contrats. La
même division doit nécessairement se reproduire dans
le louage, qui n'est en réalité qu'un prêt à titre onéreux.
Si le législateur eût pénétré jusqu'aux ressemblances
intimes entre le louage et le prêt à intérêt, il n'aurait
certainement pas séparé ces deux contrats et plus tard
l'idée ne serait pas venue de limiter le profit qu'on peut
tirer de l'un d'eux, tout en laissant subsister pour
l'autre une entière liberté.

Cette limitation du taux de l'intérêt a quelque chose
de si excessif que, lorsqu'il y a poursuite, les tribunaux
ont recours à des expédients pour mitiger la rigueur de
la loi, et que le silence des parquets en présence des
infractions les plus fréquentes et les plus caractérisées,
est chose de notoriété publique. Nous n'en voulons citer
qu'un exemple pris entre mille : *le report.* On appelle
ainsi un contrat par lequel un capitaliste achète des
valeurs comptant et à bon marché, pour les revendre au
même instant et à la même personne, chèrement et à
crédit. Celui qui a besoin de 37,500 fr. vend au comptant 25 actions d'Orléans à 15,000 fr. et les rachète
immédiatement à 1,510 fr. pour la liquidation suivante.
Nous avons parlé du Mohatra dans lequel le propriétaire
des valeurs n'est qu'un prêteur déguisé; dans le report
c'est un emprunteur : voilà toute la différence. Il n'y a
pas à la Bourse d'opération qui vaille mieux que celle-là.
La loi de 1807 est évidemment violée par ces contrats;
l'intérêt du report excède l'intérêt légal, et le prêteur ne
peut pas, comme les usuriers ordinaires, dire qu'il fait

un prêt aléatoire et que le supplément d'intérêt qu'il perçoit représente les risques de non-remboursement, car il a pour gage des valeurs de premier ordre, sans préjudice de lagarantie personnelle de l'agent de change. Cependant nous n'avons jamais entendu dire que les reporteurs aient été l'objet d'aucune poursuite.

L'Etat lui-même ne respecte pas la loi de 1807, il la viole par la tolérance des taux usuraires dans les Monts-de-Piété, par ses emprunts et par les autorisations qu'il donne à la Banque de France d'élever son escompte dans les moments de crise.

III. Aucun des économistes de l'école mercantile qui considérait le numéraire comme la seule et unique richesse, ne s'est occupé de l'intérêt de l'argent; il serait impossible de former une théorie avec les quelques rares fragments relatifs à cette matière qui se trouvent çà et là dans leurs écrits. Dans le dix-huitième siècle, Quesnay, Turgot et tous les disciples de l'école physiocrate, dont toute la doctrine pourrait se résumer par ces paroles d'Ovide : *Cereris sunt omnia munus* (1), défendent la liberté du commerce tant intérieur qu'extérieur, protestent contre toute immixtion de la loi dans les matières économiques en général, et dans les rapports du prêteur et de l'emprunteur en particulier. Adam Smith vint ensuite. Son école, moins exclusive que celles qui l'avaient précédée, posa comme principe et source de richesse, non-seulement le travail de l'agriculteur, mais

(1) Ovid. *Métam. Liv.* V, v. 343.

encore celui de l'artisan et du commerçant, aidé par
l'épargne appliquée de nouveau au travail, c'est-à-dire
le capital, et par les forces naturelles. Le principe posé
par Adam Smith, a été depuis admis et développé par
tous les économistes. C'est aujourd'hui chose acquise à
la science que, le travail, le capital et les forces naturelles, concourant à la production, les profits qui en
résultent doivent nécessairement se répartir entre le
travailleur, le capitaliste et le propriétaire des forces naturelles. Par conséquent, pour savoir si l'intérêt de l'argent
est légitime, il suffit de résoudre cette question : l'argent
monnayé est-il un capital ? Oui, l'argent monnayé,
destiné à la reproduction, est un capital, comme le fer,
l'acier, etc. ; mais avec une qualité de plus, résultant de
la propriété qu'il a de servir plus particulièrement d'instrument d'échange. En effet, si un homme me prête de
l'acier pour une valeur de 1,000 fr., et si un autre me
prête 1,000 fr. en écus, le second me donne évidemment plus que le premier, puisqu'en recevant du premier prêteur la quantité d'acier équivalente à une
somme de 1,000 francs, je n'aurai jamais que la quantité d'acier à moi prêtée, tandis qu'au moyen des
1,000 francs du second, je pourrai, à mon choix,
obtenir de l'acier ou du fer ou toute autre matière
nécessaire à mon industrie. Si donc on admet qu'une
part du profit est due au propriétaire de l'acier prêté,
on est bien forcé de reconnaître le droit du propriétaire
des écus qui me rendent un service au moins équivalent.
Il faut conclure de tout ce qui précède, que l'intérêt est
légitime et de plus qu'il est une partie aliquote du

profit. Donc pour pouvoir assigner à l'intérêt de l'argent une limite infranchissable, il faudrait connaître à l'avance le taux des profits, puisque le premier est subordonné au second : or, c'est ce qu'il n'est pas possible de faire. Les profits subissent nécessairement la loi de l'offre et de la demande, et, s'ils tendent sans cesse à s'égaliser, on ne saurait prétendre qu'ils sont égaux, même pendant un temps très-court; une pareille proposition serait contraire à la raison, à l'expérience de chaque jour et à toutes les données de l'histoire. Puisque cette immobilité des profits n'existe pas, comment a-t-on pu inscrire dans la loi que l'intérêt ne dépassera pas 5 ou 6 p. 0/0 ? Dans une des dernières séances du Corps législatif, un député, recherchant la cause du prétendu malaise de l'agriculture, l'attribuait à la préférence des capitalistes pour d'autres branches de l'industrie; comment a-t-il pu ajouter : « Là, Messieurs, » est le mal de la situation, et je dis que pour y porter » remède, il faudrait réviser la loi de 1807, et que si on » ne pensait pas pouvoir diminuer le taux de l'intérêt » de l'argent et le ramener à 4 p. 0/0 au lieu de 5, au » moins ne faudrait-il pas toucher à cette loi, que je » considère, à l'heure qu'il est, comme le palladium de » l'agriculture? » (1) Donc, pour ramener vers l'agriculture les capitaux qui se sont éloignés faute d'une rémunération convenable, il suffira de déclarer aux capitalistes que, s'ils veulent y revenir, leurs capitaux seront, de par la loi, encore moins rétribués que par le passé. C'est tout le contraire de ce qu'il faudrait

(1) Moniteur du 23 juin 1860, p. 810.

dire. Mais la loi n'a pas le pouvoir d'opérer de semblables miracles ; le taux de l'intérêt est un fait, qui est ce qu'il est et non ce que la loi veut qu'il soit ; vouloir le faire dépendre des fixations législatives, revient à dire qu'un homme pourrait, à son gré, se rendre plus jeune ou plus vieux en falsifiant son acte de naissance.

« L'abaissement *forcé* du taux de l'intérêt est une » chimère ; ce taux est réglé par la loi du profit. Vou- » loir le réduire en exerçant une pression quelconque, » c'est aller contre le but qu'on prétend atteindre. On » arrivera ainsi à avoir moins de prêteurs, moins » d'épargnes, moins de capitaux, et à expulser, au » profit des étrangers, une partie des forces vives du » pays. Que dire des lois qui risquent de faire le plus » de mal, alors qu'elles sont strictement obéies ? » (1)

En résumé, la loi de 1807 ne peut, selon nous, se justifier à aucun des points de vue auxquels nous venons de l'examiner ; il ne faut donc pas s'étonner de la voir aujourd'hui attaquée de toutes parts. Les théologiens l'abandonnent ; (2) et, pour rassurer les consciences catholiques, nous pouvons dire que le Pape lui-même emprunte à des taux que cette loi répute usuraires, témoin l'emprunt décrété par le bref pontifical du 11 avril 1866, qui est contracté au taux de 7 1/2 p. 0/0 par an. Parmi les jurisconsultes, cette loi ne compte plus que de rares partisans,

---

(1) Déposition de M. Wolowski, dans l'enquête sur l'intérêt de l'argent.

(2) Voir notamment l'ouvrage publié en 1822, par M. l'abbé Barronnat, sous le titre de l'*Usure dévoilée*.

auxquels on peut opposer, non-seulement les argu
ments de leurs adversaires, mais encore la législation des pays les plus civilisés de l'Europe. Dans un
certain nombre d'Etats de l'Allemagne, la limitation est
supprimée d'une manière absolue en matière civile et
commerciale, ce qui n'a pas empêché de maintenir dans
la loi pénale les dispositions nécessaires pour atteindre
les entreprises cupides dans lesquelles il est possible de
constater une extorsion coupable, exercée vis-à-vis du
débiteur. Sur la proposition du comte de Cavour, la loi
de 1857 a supprimé les dispositions relatives au taux
de l'intérêt en Sardaigne. L'Angleterre, la Belgique, la
Hollande, etc. sont entrées dans la même voie, et
partout la suppression de la limitation du taux de l'intérêt a été considérée comme un heureux événement.
Quant aux économistes, tous sont d'accord sur ce point;
la Russie n'en possède qu'un et il réclame la liberté du
crédit (1). Tous s'accordent à reconnaître que les prohibitions ont pour effet d'élever le taux de l'intérêt :
« c'était surtout dans les états pontificaux, dit Rossi,
que l'usure était défendue. Eh bien! y a-t-il un pays où
l'usure ait été exercée d'une manière plus criante? »
Nous espérons donc que la France ne restera pas en
arrière des autres nations, que l'abrogation de la loi de
1807, demandée par la plupart des Chambres de commerce, déjà réclamée dans le sein du Sénat et du Corps
législatif, ne tardera pas à devenir d'une espérance une
réalité.

(1) Storch. *Cours d'économie politique*, Liv. VI, chap. V.

POSITIONS.

DROIT ROMAIN.

I. Le mariage à Rome n'était pas un contrat purement consensuel.

II. Le pacte adjoint *in continenti* à un contrat *stricti
juris,* autre que le *mutuum,* fait partie du contrat et
produit l'action de ce contrat.

III. L'assimilation des fruits et des intérêts n'a pas
lieu dans les contrats *stricti juris.*

IV. Les promesses faites par la fille de famille pubère
sont valables.

DROIT FRANÇAIS.

I. Un père ne peut s'opposer à l'exonération du
service militaire de son fils mineur.

II On peut convenir que les intérêts d'une somme
prêtée ne seront payables qu'avec le capital.

III. L'art. 1254 du Code Napoléon s'applique à toute
espèce d'intérêts.

IV. Les officiers ministériels, notaires ou avoués
peuvent exiger des parties les intérêts des droits d'en-

registrement dont ils ont fait l'avance, à dater du jour de leurs déboursés.

V. La loi de 1807 s'applique à l'escompte comme à l'intérêt.

VI. Par ces mots *les frais quelconques de la dernière maladie,* l'art. 2101 n'entend pas seulement les frais de la maladie dont le débiteur est mort.

DROIT CRIMINEL.

I. Un témoin ne peut être déclaré coupable de faux témoignage, pour avoir altéré la vérité sur des faits personnels à raison desquels il pouvait lui-même être poursuivi.

II. Le duel ne constitue pas infraction.

DROIT COMMERCIAL.

I. Dans une société en commandite, les tiers créanciers de la société n'ont pas d'action directe contre les commanditaires pour les contraindre à effectuer le versement de leur mise.

DROIT ADMINISTRATIF.

I. Les receveurs de l'enregistrement peuvent recevoir et enregistrer un acte après la fermeture de leurs bureaux.

DROIT DES GENS.

I. Les militaires et autres personnes employées à la suite des armées, peuvent faire dresser les actes de leur état civil par les officiers publics étrangers et d'après les formes du pays, suivant les articles 47 et 170 du Code Napoléon.

II. L'étranger, légalement divorcé dans son pays, peut valablement contracter mariage en France du vivant de sa première femme.

Vu pour l'impression,

Le Doyen par intérim,

Ed. BODIN.

Vu :

Pour le Recteur de l'Académie,

L'Inspecteur délégué,

A. DE CHATEAUNEUF.

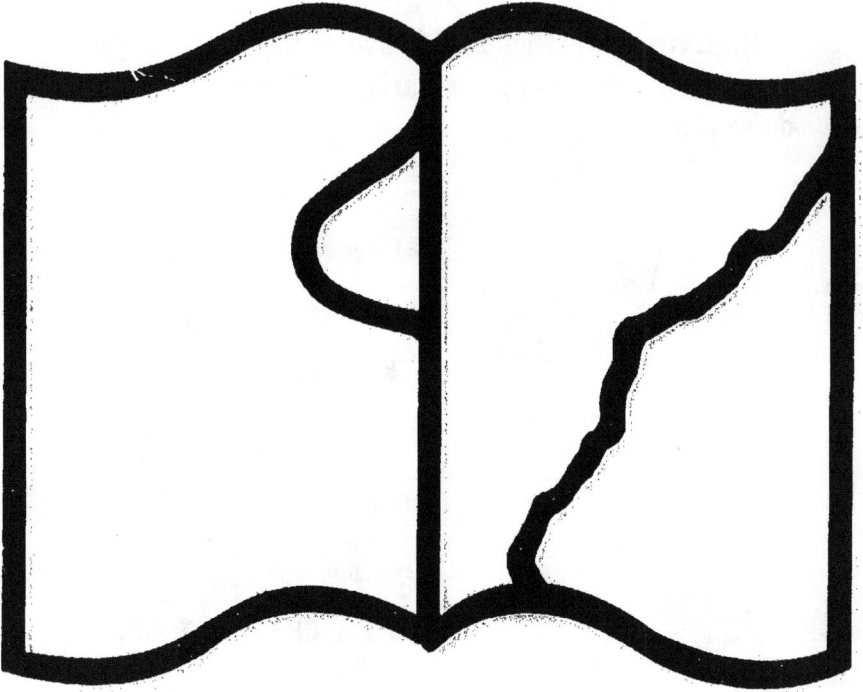

Texte détérioré — reliure défectueuse

NF Z 43-120-11

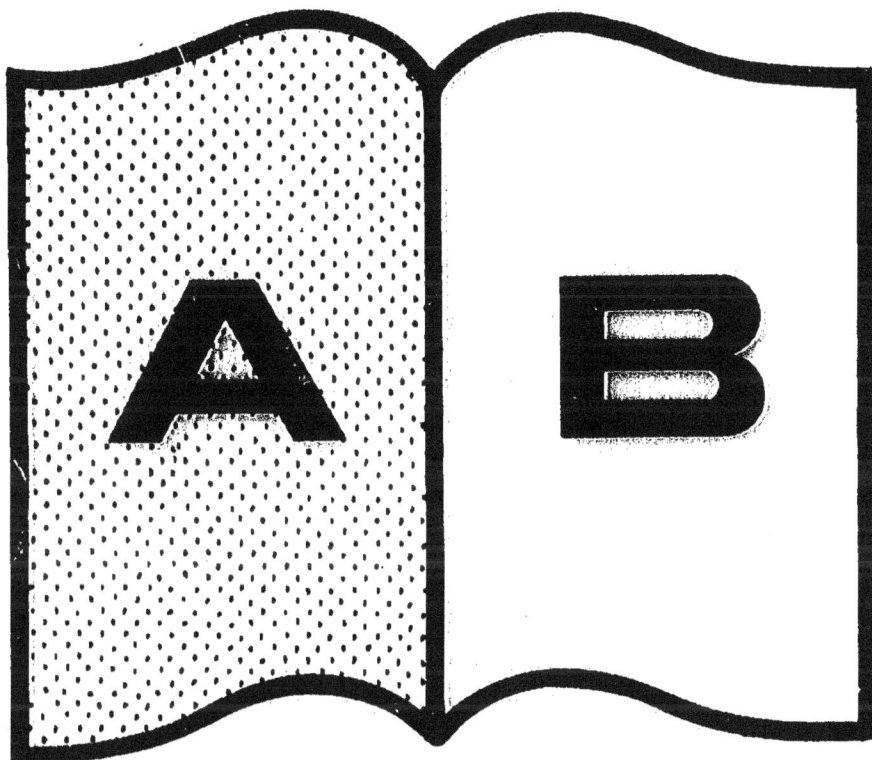

Contraste insuffisant

NF Z 43-120-14

www.ingramcontent.com/pod-product-compliance
Lightning Source LLC
Chambersburg PA
CBHW071219200326
41519CB00018B/5592